河南大学地学博士文库编委会

名誉主任：孙九林（院士）　许靖华（院士）　王家耀（院士）
主　　任：秦耀辰（教授）
副 主 任：秦明周（教授）　朱连奇（教授）
编委成员：王发曾（教授）　李小建（教授）　苗长虹（教授）
　　　　　　秦明周（教授）　朱连奇（教授）　马建华（教授）
　　　　　　丁圣彦（教授）　孔云峰（教授）　秦　奋（教授）
　　　　　　乔家君（教授）　傅声雷（教授）　冯兆东（教授）
　　　　　　翟秋敏（教授）　刘玉振（教授）　徐晓霞（教授）

多车型校车路径问题优化算法研究

侯彦娥 著

河南大学出版社
HENAN UNIVERSITY PRESS
·郑州·

图书在版编目(CIP)数据

多车型校车路径问题优化算法研究/侯彦娥著. —郑州:河南大学出版社,2018.11

ISBN 978-7-5649-3590-0

Ⅰ.①多… Ⅱ.①侯… Ⅲ.①校车-车辆调度-最优化算法 Ⅳ.①U492.2

中国版本图书馆 CIP 数据核字(2018)第 266435 号

责任编辑 董庆超
责任校对 薛建立
封面设计 马 龙

出 版	河南大学出版社
	地址:郑州市郑东新区商务外环中华大厦2401号 邮编:450046
	电话:0371—86059701(营销部) 网址:www.hupress.com
排 版	郑州市今日文教印制有限公司
印 刷	开封智圣印务有限公司
版 次	2018年11月第1版 印 次 2018年11月第1次印刷
开 本	787mm×1092mm 1/16 印 张 11.75
字 数	190千字 定 价 29.40元

(本书如有印装质量问题,请与河南大学出版社营销部联系调换)

序

  地理学是河南大学开办最早的学科之一。20世纪初,我国高等地学教育创建伊始,杰出的地质地貌学家、中国科学院院士冯景兰教授在中州大学开拓了自然地理研究的新方向。1953年,全国院系调整,河南大学地理系被国家高教部确定为中南地区重点建设的两个地理系科之一。当时的湖南大学、武昌中华大学、新乡师范学院、郑州大学等高校的地理专业人才合并到本系,使河南大学地理系成为实力强大的院系之一。1978年后,地理系逐步建起了现代地理学的本科生、硕士研究生人才培养体系以及相邻配套学科专业。1998年地理系更名为环境与规划学院。进入21世纪之后实现跨越式发展,逐步走向学科前列,建成了本、硕、博到博士后完整的人才培养体系。经过几代地理人的奋力拼搏,环境与规划学院在地理学科基础上,逐渐壮大为以地理学为主体,包括环境与生态科学、遥感与测绘科学、区域经济与城市科学等交叉融合的综合研究型学院。

  面临全球气候变暖、经济全球化的发展机遇与挑战,地处快速发展的中原地区的河南大学地理学人勇敢地走向人地关系研究的主战场,围绕黄河中下游地区、中原经济区、中原城市群、大数据试验区等区域战略需求,开展了一系列基础与应用研究,不仅丰富了新时期中国地理学的理论研究,而且为政府决策咨询提供了智力和技术支撑。同时,注重国际同行交流,与世界一流的美国环境系统研究所(ESRI)、德克萨斯州立大学(UTD)、迈阿密大学(UM)、全球华人地理信息科学协会(CPGIS)等机构开展联合培养、合作交流。以地理学为核心,已经建成了教育部、河南省级重点和国际联合实验室8个,提供了高层级的人才成长平台,培养出了学术基础扎实、视野宽阔、品质优秀的本硕博毕业生,这些毕业生遍及全国各地，乃至美国、澳大利亚等许多国家。地理学在教学科研、学科建设、人才培养、社会服务等方面取得了突出的成绩，得到社会各界的一致赞誉。2006年6月，学院党总支被授予"全国先进基层党组织"荣誉称号。2009年4月，国家副主席习近平在河南省委书记徐光春等的陪同下来学院视察。2017年在教育部学科评估中心的全国学科评估中，河南大学地理学科并列第7。地理学优异的成绩获得了社会高度认可，先后被评为国家特色专业、河南省重点学科等。在创建双一流大学学科中，连续获得河南省人民政府"河南省优势特色学科建设经费"的支持，河南大学也入选双一流学科建设高校。

本次出版"河南大学地学博士文库"，旨在展示地理学人才培养的成绩，支持地理学特色优势学科建设。希望这套文库的出版能够为我校双一流学科建设作出更大贡献，祝愿我们的地理学未来更辉煌、明天更美好。

编委会

2017年11月16日

目 录

摘要…………………………………………………………（ 1 ）

Abstract ……………………………………………………（ 4 ）

1 绪论……………………………………………………（ 9 ）
  1.1 研究背景………………………………………………（ 9 ）
  1.2 研究内容与目标………………………………………（ 11 ）
  1.3 研究意义………………………………………………（ 13 ）
  1.4 研究方法………………………………………………（ 14 ）
  1.5 论文结构………………………………………………（ 17 ）

2 文献综述………………………………………………（ 19 ）
  2.1 车辆路径问题概述……………………………………（ 19 ）
    2.1.1 车辆路径问题的基本要素…………………………（ 19 ）
    2.1.2 车辆路径问题的分类………………………………（ 21 ）
    2.1.3 车辆路径问题的求解算法…………………………（ 23 ）
  2.2 多车型车辆路径问题研究进展………………………（ 26 ）
    2.2.1 问题描述及分类……………………………………（ 26 ）
    2.2.2 FSM 研究 …………………………………………（ 27 ）
    2.2.3 HF 研究 ……………………………………………（ 30 ）
    2.2.4 HVRP 的其他变体研究……………………………（ 31 ）
  2.3 校车路径问题研究进展………………………………（ 33 ）
    2.3.1 校车路径问题概述…………………………………（ 33 ）
    2.3.2 单车型校车路径问题………………………………（ 37 ）
    2.3.3 多车型校车路径问题………………………………（ 45 ）

2.4 本章小结 …………………………………………………… (48)
3 多车型 SBRP 元启发算法框架 ………………………………… (50)
  3.1 问题定义 …………………………………………………… (50)
  3.2 SBRP 求解算法分析 ……………………………………… (52)
  3.3 算法框架设计需求 ………………………………………… (53)
  3.4 算法框架设计 ……………………………………………… (54)
    3.4.1 基本数据结构 ………………………………………… (55)
    3.4.2 基础操作 ……………………………………………… (58)
    3.4.3 初始解构造算法组件 ………………………………… (60)
    3.4.4 局部搜索算法组件 …………………………………… (61)
    3.4.5 启发策略 ……………………………………………… (65)
    3.4.6 基本元启发算法组件 ………………………………… (71)
  3.5 基于框架的应用开发 ……………………………………… (71)
  3.6 本章小结 …………………………………………………… (74)
4 车型混合的单校校车路径问题 ………………………………… (75)
  4.1 问题描述与数学建模 ……………………………………… (75)
  4.2 算法设计 …………………………………………………… (77)
    4.2.1 初始解构造 …………………………………………… (79)
    4.2.2 参数自适应选择 ……………………………………… (80)
    4.2.3 变邻域搜索 …………………………………………… (81)
  4.3 算法的复杂度分析 ………………………………………… (81)
  4.4 实验与结果分析 …………………………………………… (82)
    4.4.1 测试案例 ……………………………………………… (82)
    4.4.2 参数设置 ……………………………………………… (84)
    4.4.3 参数自适应选择的优势 ……………………………… (85)
    4.4.4 算法比较 ……………………………………………… (87)
  4.5 本章小结 …………………………………………………… (93)
5 车辆数限制的单校多车型校车路径问题 ……………………… (94)
  5.1 问题描述与定义 …………………………………………… (94)

5.2 算法设计 …………………………………………………（96）
　　　　5.2.1 初始解构造 ……………………………………（97）
　　　　5.2.2 局部搜索 ………………………………………（99）
　　5.3 算法复杂度分析 …………………………………………（100）
　　5.4 实验与结果分析 …………………………………………（100）
　　　　5.4.1 实验结果 ………………………………………（101）
　　　　5.4.2 算法比较 ………………………………………（103）
　　　　5.4.3 邻域解接受策略对算法的影响 ………………（106）
　　5.5 本章小结 …………………………………………………（107）

6 多校多车型校车路径问题 ………………………………………（108）
　　6.1 问题描述与定义 …………………………………………（108）
　　6.2 算法设计 …………………………………………………（111）
　　　　6.2.1 设计思路 ………………………………………（111）
　　　　6.2.2 算法基本描述 …………………………………（112）
　　　　6.2.3 初始解构造 ……………………………………（112）
　　　　6.2.4 变邻域下降搜索 ………………………………（113）
　　6.3 实验结果与分析 …………………………………………（118）
　　　　6.3.1 测试案例 ………………………………………（118）
　　　　6.3.2 实验结果 ………………………………………（119）
　　　　6.3.3 算法比较 ………………………………………（121）
　　　　6.3.4 邻域算子执行策略对算法的影响 ……………（125）
　　6.4 本章小结 …………………………………………………（129）

7 案例研究 …………………………………………………………（131）
　　7.1 案例区概况及数据准备 …………………………………（131）
　　7.2 案例区路径规划 …………………………………………（136）
　　　　7.2.1 单校校车路径规划 ……………………………（136）
　　　　7.2.2 多校校车路径规划 ……………………………（139）
　　7.3 本章小结 …………………………………………………（143）

8 结论与展望 ………………………………………………………（145）

8.1 主要工作……………………………………………(145)

8.2 主要结论……………………………………………(147)

8.3 创新之处……………………………………………(149)

8.4 展望…………………………………………………(150)

图索引……………………………………………………(151)

表索引……………………………………………………(153)

缩略词……………………………………………………(155)

参考文献…………………………………………………(157)

后记………………………………………………………(178)

摘　　要

为中小学学生提供安全、高效的校车服务是我国义务教育发展中面临的新要求。校车路径规划是校车运营的基础环节，合理地规划校车路径可以显著地提高服务效率，降低运营成本。校车路径问题（SBRP）涉及学校、学生乘车站点、场站、校车类型、交通网络、学区地理环境、约束条件和规划目标等众多因素，是一类复杂度极高的 NP-hard 问题。SBRP 通常是在保障校车服务质量的前提下，尽量减少车辆购置、维护等固定成本和校车的日常运营成本。

校车路径规划实践中，校车车队往往由多种类型的车辆构成。同时，受学生站点分布、道路状况等现实条件的影响，多种类型的校车组合能更好地满足实际需求。然而，相对于单车型 SBRP，多车型 SBRP（HSBRP）的研究较少。而且，现有 HSBRP 的求解主要采用构造启发算法或改进启发算法，优化性能有限，也难以适应较复杂的规划场景。鉴于此，本文针对 HSBRP，在问题定义和数学建模的基础上，设计一个适用于多种应用场景的算法框架，进而探索单校、多校、车型混合和车辆数限制等不同场景下 HSBRP 的元启发优化算法。

研究思路如下：① 针对不同应用场景下校车路径规划的需求，考虑校车类型、校车容量、校车数量、学校时间窗、学生最大乘车时间等约束条件，以校车固定成本和运营成本为目标建立 HSBRP 的数学模型，并尝试使用模型精确求解。② 探讨 HSBRP 的求解策略，设计一个通用 HSBRP 算法框架，包括基本数据结构、常用操作函数、初始解构造算法、各种局部提升算子和启发策略；开发基础算法库，便于构造常见元启发算法。③ 利用算法库，针对单校车型混合、单校车辆数限制、多校多车型等问题类型，分别设计 HSBRP 算法，引入邻域解接受策略和车型调整策略提升解的质量,并使用基准案例进行算法测试和性能分析。④ 使用实际案例验证本文算法的实用性。

本文的主要工作和结论如下:

(1)建立了一个满足单校和多校问题求解的 HSBRP 算法框架。算法框架提供通用的数据结构、基础函数、初始解构造算法和邻域搜索算子,支持搜索算子选择、车型调整、邻域解接受、搜索扰动等启发策略的组合使用。基于算法框架实现了迭代局部搜索、变邻域搜索和贪婪随机自适应等元启发算法。算法的设计与实现表明:该算法框架不仅具有通用性,而且能够快速实现求解 SBRP 的元启发算法和混合元启发算法。

(2)针对单校 HSBRP 问题,分别设计了车型混合 HSBRP(FSMSBRP)和车辆数限制 HSBRP(HFSBRP)的求解算法。针对 FSMSBRP,设计贪婪随机自适应算法(GRASP),并通过参数自适应选择对算法进行改进。该算法适用于求解总成本、固定成本和可变成本三种优化目标的 FSMSBRP 问题。在国际基准测试案例上的实验表明:参数自适应选择优于参数随机或固定选择;与现有 FSMSBRP 求解算法相比,GRASP 算法具有明显的优势,三类问题的求解质量比 RRH 算法分别改进了 5.28%、4.84% 和 7.22%,比自适应基于位置启发(ALBH)算法分别改进了 6.26%、6.02% 和 7.55%。针对 HFSBRP,建立了基于车型的整型规划数学模型,并设计一种迭代局部搜索算法和可变邻域下降算法混合的元启发算法(HILS)进行求解。使用 HILS 算法分别求解优化目标为总成本和可变成本的两类 HFSBRP 问题,测试表明所设计的 HILS 算法能够在较短的时间内获得高质量的解,并且算法稳定性较高。

(3)设计了混载和不混载两种运营模式下多校 HSBRP 的迭代局部搜索算法(ILS)。鉴于多校问题与带时间窗装卸一体化问题(PDPTW)模型具有相似性,在 ILS 算法中引入 PDPTW 问题求解中使用的 SPI、SBR 和 WRI 三个邻域算子优化总成本,并改进这三个算子允许车型调整。利用国际标准案例库对 ILS 算法进行测试,与随机基于位置启发算法(RLBH)和 ALBH 算法相比,ILS 算法在不混载模式下的总成本分别平均下降了 29.01% 和 34.84%,而在混载模式下 ILS 算法的总成本则分别平均下降了 28.93% 和 34.66%。

(4) 完成了一个案例实验。收集整理了无锡市惠山区的道路、学校和学生等信息，在 ArcGIS 10.2 内完成数据整理、OD 矩阵计算和网络分析等功能，完成单校和多校的案例研究。实验结果表明：使用多种车型规划校车路径优于单一车型的路径规划，多校运营模式比单校运营模式所需要的总成本更少。对于单校多车型校车路径规划，本文的 GRASP 算法优于 ArcGIS 网络分析中的 VRP 算法；对于多校多车型路径规划，本文设计的不混载和混载两种规划方案比现有方案分别节约了 3.20% 和 6.62% 的成本。

本文针对多车型 SBRP 问题的多种应用场景，设计了一个灵活通用的元启发算法框架，支持单校、多校以及不同优化目标 HSBRP 问题的求解。利用该算法框架，首次设计了求解车辆数限制 HSBRP 和多校 HSBRP 的元启发算法，且算法性能显著优于现有的算法。

关键词：校车路径问题；多车型；算法框架；元启发算法；空间优化

ABSTRACT

It is challenging to provide safe and efficient school bus service for compulsory schools and educational authorities. The design of school bus routes plays an important role in bus operations and a reasonable plan can significantly improve the service quality and efficiency. It is closely related to the bus fleet, the bus depots, the geographic distribution of schools and students and the road network. It also depends on other constraints such as the school opening times and the maximum riding time of students. The school bus routing problem (SBRP) aims to find an optimal route solution with service quality and cost reduction objectives. In real-world applications, the SBRP is used to reduce the fixed and the daily operating costs of buses.

While most existing SBRP researches focus on the homogenous-fleet problems, the heterogeneous SBRP (HSBRP) is more common in real-world route planning. In practice, the fleet of school buses usually consists of different types of buses. It is also necessary to use small buses to some areas due to the road conditions. In addition, the bus service quality and efficiency could be improved by combining different types of buses, considering that the students are unevenly distributed. However, a few existing construction or heuristic algorithms for the HSBRP have limited optimization performance. These methods also lack flexibility in solving complex problems. Consequently, this dissertation aims to investigate the high-performance metaheuristic algorithms for the general-purpose heterogeneous SBRPs.

The research is conducted in the following steps. First, based on the

ABSTRACT

problem description of the HSBRP, the mathematical models for different planning scenarios are formulated according to the problem constraints such as the number and capacity of each bus type, school time windows and the maximum riding time of students. The objective is to minimize the fixed and operating costs. The models for some problem instances could be solved by exact methods. The second step is to design a general-purpose HSBRP algorithm framework, which includes basic data structures, common functions, initial solution construction algorithms, local search operators and heuristic strategies. By using the framework, the third step aims to implement metaheuristic algorithms for different HSBRPs, such as the fleet size and mix SBRP (FSMSBRP), heterogeneous fixed fleet SBRP (HFSBRP), the multi-school mixed-load HSBRP and the multi-school single-load HSBRP. The performance of all the algorithms is tested and analyzed on a set of SBRP benchmark instances. Finally, a case study of school bus routing is used to demonstrate the feasibility and advantages of the proposed algorithms.

The main research results are summarized as follows.

(1) An algorithm framework is designed for solving single-school and multi-school HSBRPs. It consists of general data structures, basic functions, construction algorithms for generating initial solutions and local search operators. It also provides the heuristic mechanisms such as the selection of local search operators, the bus type adjustment in local search, the neighborhood solution acceptance rules and search perturbation methods. Based on this framework, various metaheuristic algorithms such as iterated local search (ILS), greedy and randomization adaptive procedure (GRASP) and variable neighborhood search (VNS) are proposed. The design and implementation of the metaheuristic algorithms indicate that this framework is flexible enough for solving general-purpose HSBRP.

(2) For the single-school HSBRP, two metaheuristic algorithms are

developed for FSMSBRP and HFSBRP respectively. An improved GRASP is designed for the FSMSBRP. It can be used to solve three FSMSBRP variants with objectives such as total costs, fixed costs and variable costs. The proposed GRASP overcomes the shortcomings of random or fixed selection of parameters, and outperforms the existing algorithms significantly. Compared with RRH algorithm, GRASP improves the three FSMSBRP objectives by 5.28%, 4.84% and 7.22% respectively. Compared with the ALBH algorithm, the objective values are also improved by 6.26%, 6.02% and 7.55% respectively. For the HFSBRP, the mathematical model of it is build, and then a multi-start metaheuristic algorithm (HILS) is developed for the first time by hybriding ILS and variable neighborhood descent (VND) with random neighborhood selection. The algorithm is adapted to solve the two variants of HFSBRP with total costs or variable costs. The test results indicate that HILS can find better solution than CPLEX in a short time, and it also has higher stability.

(3) An ILS metaheuristic algorithm is developed for solving multi-school HSBRP. Since the multi-school problem is similar to the delivery and pickup vehicle routing problem with time windows (PDPTW), an initial solution is improved iteratively by using three PDPTW neighborhood operators: single pair insertion (SPI), swapping pairs between routes (SBR) and within route insertion (WRI). The bus type adjustment is allowed in the three operators to enhance the solution quality. The proposed algorithm is tested on the benchmark instances, and the results show that the algorithm is effective. Compared with RLBH and ALBH algorithms, the total cost obtained by ILS is reduced by 29.01% and 34.84% respectively for the single load HSBRP. For mixed load HSBRP, the total cost is reduced by 28.93% and 34.66% respectively.

(4) The proposed algorithms are tested on a real case with 4 schools. The schools, the student stops, the bus depots and the road network in

Huishan District of Wuxi City are prepared in ArcGIS. The single-school and multi-school bus routes are designed by the metaheuristic algorithm proposed in this dissertation. The results indicate that planning routes with heterogeneous school buses is more effective than that with homogeneous buses. For single-school problem, the solution obtained by GRASP algorithm is much better than that obtained by the ArcGIS VRP Solver. For multi-school problems, the single load and mixed load solutions can reduce the total costs by 3.20% and 6.62%, compared with the existing route plan.

There are two major contributions in this dissertation. First, a general-purpose algorithm framework for heterogeneous school bus routing problems is designed for the first time. Using this framework, the metaheuristic algorithms for single-school SBRP and multi-school HSBRPs with different cost objectives can be flexibly and efficiently implemented. Second, it is also the first time to propose the metaheuristic algorithms for heterogeneous fixed fleet HSBRP and multi-school HSBRP. All the algorithms developed in this dissertation significantly outperform the existing methods in terms of solution quality.

Key words: school bus routing problem; heterogeneous fleet; algorithm framework; metaheuristic algorithm; spatial optimization

1 绪　论

1.1 研究背景

随着我国社会经济的不断发展和人民生活水平的提高,义务教育的发展面临着新的挑战和需求。21 世纪初以来,为了降低办学成本、优化教学资源配置、促进教育均衡发展,我国进行了大规模的学校布局调整和撤并。学校撤并解决了班额小、资源浪费等问题,但无形中也造成了学生入学距离较远、上学不方便等新问题[1]。为了方便学生入学,近年来为中小学生提供校车服务的需求日趋凸显,不少地区开始逐渐开展校车服务。例如,上海市使用 1954 辆校车为 383 所中小学、幼儿园和国际学校提供服务。烟台交运集团成立招远市金泰校车服务有限公司,服务招远市 42 所学校 11600 名中小学生的上下学乘车服务。青岛市温馨校车服务公司,拥有校车 1600 多辆,已在青岛 6 区 4 市开通 2700 余条线路,服务学校 400 所,为近 10 万学生提供上下学服务。

随着越来越多的地区和学校开始提供校车服务,校车安全高效的运营成为我国校车服务面临的新挑战。早期校车服务发展相当不规范,不少校车是由农用车甚至是报废车辆改装、翻新而成,存在很大的安全隐患。近年来,在全国各地发生了不少因学生乘坐不规范校车引起的伤亡事故,不仅严重威胁着广大中小学生的人身安全,也影响着社会的稳定。2010 年 7 月 1 日,国家正式颁布实施了《专用小学生校车安全技术条件》,对"校车"做了具体定义,标准范围适用于专用小学生校车,并明确规定了校车的安全要求。2011 年秋,教育部在浙江德清县、山东威海市、山东无棣县、辽宁桓仁县、黑龙江鸡西市、陕西西安市阎良区 6 个地区开展中小学校车运营管理试点,将校车购置、运营维护等各项费用列入地方财政预算。6个试点地区分别根据当地的实际情况,实施了不同的校车服务方案。以浙江德清为例,德清县政府出资2000万元购置了79辆校车,并成立了一个学生交通管理服务有限公司专门接送学生。在探索校车运营模式的同时,我国也逐步着手制定校车安全管理的相关法律制度。2012年3月,国务院发布《校车安全管理条例》(简称《条例》),要求各地政府加强校车安全管理,保障乘坐校车学生的人身安全。《条例》从校车服务保障、学校和校车服务提供者、校车使用以及校车通行、乘坐安全和相关的法律责任等方面作出明确的指示。

校车的运营管理并不是一件易事,涉及校车采购、行驶路径规划、服务质量和校车通行安全等方面。在校车安全的前提下,校车服务的质量和效率是校车管理方、校车服务方和校车乘坐者重点关注的问题。目前校车的运营主要有学校自营、政府购车运营、无政府补贴的营利型组织运营和有政府补贴的营利型组织运营4种模式。无论是哪种运营模式,从经济层面上而言校车管理方、服务方都希望在保证服务质量的同时,能够尽可能地降低运营成本。刘茶等[2]指出校车运营中的主要成本来自校车的购置和维护,减少校车数量和降低日常油耗等成本是降低运营成本的主要途径。因此,合理地规划校车路径就成为校车运营和管理中的关键问题。

与规划校车路径紧密相关的是校车路径问题(School Bus Routing Problem,SBRP),它主要研究如何在满足既定约束的前提下,合理地规划校车线路将学生从乘车站点送至学校(或从学校送回乘车站点),并使某个特定的目标最优。SBRP自Newton和Thomas[3]首次提出之后,国际上对该问题的研究一直持续至今,国内也有学者针对小规模的校车应用展开了研究。SBRP属于车辆路径问题(Vehicle Routing Problem,VRP)的应用范畴,也是一类NP-hard问题。SBRP服务对象是学生且其运输目的地是学校,因此问题中增加了与学生、学校相关的诸多约束和要求(比如学生的最大乘车时间、开学时间窗、特殊学生、学生和学校的访问顺序等),使其比经典的VRP更加复杂。由于SBRP服务学校的个数、优化目标以及限定的约束条件的不同,将求解 VRP 问题的主流算法直接应用于 SBRP 问题求解时,仍有许多问题需要解决。

校车路径规划与服务学校数量、校车车队特征、学生站点的分布、乘坐学生人数和交通状况等密切相关。实际应用中,校车服务公司通常有多种类型的校车,针对学生的分布状况、学生特征(比如残疾学生)选择合适的配送校车。受道路等级和资金配置等影响,也要求提供服务的校车类型不同。比如,在偏远的农村地区,因地形和经济等条件的制约,道路的承载运输能力各不相同,有些道路甚至限制大型车辆通过;在某些地区还可能有限车型、车速等方面的要求。校车运营公司在运营资金和资源优化配置的限制下,可能会组合使用多种类型的校车,以提高校车的利用率,并且每种类型的校车数量可能有最大数量限制。研究表明,实际交通运输的车型通常是不一样的,与此相关的维修、保险和运营费用也各不相同[4]。在规划校车路径时使用不同类型的校车提供校车服务,不仅能够满足实际应用的需要,而且还能提高车辆的利用率,从而进一步降低运营成本。

现有的校车路径问题研究中,大部分文献侧重单一车型的研究,有关多种车型方面的研究较少。多车型校车路径问题(Heterogeneous School Bus Routing Problem,HSBRP)是 SBRP 的一种,它主要是使用一组不同类型的校车完成路径规划。而现有有关 HSBRP 的文献中,问题研究仅限于某个特定应用场景,求解算法以构造启发算法或改进启发算法为主,算法的求解质量有限。实际规划中,车型种类和数量、服务学校数量等因素的差异产生了多种多车型校车路径问题。因此,探索多种规划场景下多车型校车路径问题的模型及求解算法、开发相应的应用工具,在理论、方法和技术方面都具有较高的学术价值。再者,使用多种类型的校车规划校车路径更加符合实际应用需求,研究成果也具有较高的应用价值。

1.2 研究内容与目标

本文针对服务单个学校、多个学校以及不同优化目标的多车型校车

路径问题,从以下几个方面进行研究:

(1) 多车型校车路径问题的定义与建模。调研分析校车运营过程中涉及的各种因素,重点考虑校车数量、校车车型、校车容量、学生乘车时间、学校时间窗等约束条件,了解校车路径规划时的期望目标。综合考虑不同车型、不同约束条件和不同优化目标,对校车路径问题进行抽象和归纳,建立适合单校和多校的多车型 SBRP 的数学模型。

(2) 多车型校车路径问题算法框架设计。建立适于校车行驶路线开放或闭合、单一车型或多种车型、支持单校和多校问题的算法框架,并考虑校车数目限制与否、不同优化目标等应用场景。该算法框架具体包括基本数据结构、数据文件读写操作、基础函数库、邻域算子和基本元启发算法的实现等。在框架内提供问题初始解构造算法、邻域结构、邻域搜索策略、扰动机制和接受策略等。

(3) 多车型校车路径问题求解算法的设计与测试。针对为单个学校服务的单校 SBRP、按顺序服务的多校不混载 SBRP 以及允许不同学校的学生搭乘同一辆校车的多校混载 SBRP 3 种类型的 SBRP,考虑不同车型的约束,在算法框架的基础上设计算法进行求解,并完成算法的测试和分析。本研究中采用元启发算法,组合邻域搜索算子、车型调整策略等多种启发策略,完成适应不同问题类型的求解算法设计。邻域搜索过程中,合理选择邻域算子的组合方式,引入邻域解接受策略引导算法的搜索轨迹和方向,并兼顾算法的集中性和探索性的平衡。基于基准测试案例,对算法的性能进行测试分析,确定适合不同问题类型的参数和求解策略的最佳组合。

(4) SBRP 应用案例研究。以无锡市惠山区锦江中小学学生接送服务中心提供的学校信息为研究对象,完成单校、多校不混载和多校混载 3 种应用场景下的校车路径规划。在 ArcGIS 内完成数据管理、问题建模、算法集成和结果展示等功能。使用 ArcGIS 的网络分析功能,完成交通网络 OD 距离矩阵和时间矩阵的计算,基于 ArcGIS 提供的数据完成不同应用场景下校车路径的规划方案。

通过研究不同应用场景下多车型 SBRP 的路径规划问题,本研究拟实现以下目标：

（1）建立一个通用的、适合多个应用场景的 SBRP 问题求解的算法框架。该框架能够支持单校和多校、单车型和多车型、路线封闭和开放等多种 SBRP 问题的求解。算法框架支持迭代局部搜索、变邻域搜索、大规模邻域搜索、贪婪随机自适应算法和常见的局部提升启发算法，以及基于这些算法的混合元启发算法。

（2）针对不同的 SBRP 问题，设计一个性能较高的元启发求解算法，通过测试验证其有效性、稳定性和简单性。

（3）提供针对单车型、多车型、线路开放或闭合、车辆数限制与否等多个应用场景的 SBRP 解决方案，为实际应用中 SBRP 的路线规划提供支持。

1.3 研究意义

校车路径规划是校车运营管理中的一个重要环节，涉及学校、学生、乘车站点、校车、优化目标和约束条件等多种因素。将不同应用场景、使用不同类型的校车、不同优化目标等因素引入校车路径规划中，不仅能够丰富校车路径问题的理论研究，而且还能使问题的研究更加贴近实际应用。本文的研究意义体现在以下几个方面：

（1）从理论上拓展多车型 SBRP 的研究内容。现有多车型校车路径问题的研究文献较少，其模型和算法还不成熟，并没有将不同车型的成本差异考虑到问题优化中。尽管有一些学者，如 Spada 等[5]、Park 等[6]，在案例研究中提出了使用不同类型的校车，但在模型定义和问题求解上并没有给出具体的说明。Ke[7]虽然建立了多车型校车路径问题的数学模型，并进行了精确求解，但考虑到实际应用中涉及因素的复杂性，其模型定义和求解算法仍需要进一步完善。本文通过综合分析多种车型下校车路径问题涉及的因素、优化目标和约束条件等，研究不同应用场景下多车型校车路径问题。

（2）丰富校车路径问题的求解算法，为多车型校车路径问题的研究提供算法参考。SBRP自提出以来，不少学者探索了SBRP的求解算法。已有学者[7]使用精确算法求解多车型校车路径问题，但问题求解规模有限。此外，在求解VRP中广泛应用的元启发算法尚未在SBRP中得到充分应用[8]。本文在建立适用多个应用场景的SBRP算法框架的基础上，设计求解不同应用场景下多车型校车路径问题的元启发算法，从理论上扩展校车路径问题的求解算法，并为多车型校车路径问题的研究提供算法参考。

（3）研究多车型校车路径的规划更加切合实际应用需求，具有较高的实用价值。目前的校车路径问题研究大多集中在单一车型问题的研究，而实际应用中受道路、学生分布状况、财力等多方面因素的影响，通常需要使用不同类型的校车提供校车服务。本文研究多种车型下校车路径规划问题，考虑实际应用场景，构建问题模型并设计求解算法，将为校车的实际应用提供理论基础。

1.4 研究方法

根据服务学校的数量，SBRP分为单校和多校两类问题，其中多校SBRP根据是否允许混载又分为不混载和混载两种。本文主要研究单校和多校的多车型SBRP问题。由于SBRP本质上属于VRP的范畴，因此多车型SBRP问题可以转化为相应的VRP问题模型进行求解。单校多车型SBRP在模型定义上类似经典的带容量约束的多车型车辆路径问题（Heterogeneous Vehicle Routing Problem，HVRP），根据多车型规划时约束条件的不同，将其转化为一种特殊的HVRP进行求解。多校SBRP的求解策略有两种：① 基于先单校路径规划、后多校路径合并的分段求解[6,9]；② 基于带时间窗装卸一体化问题（Pickup and Delivery Problem with Time Window，PDPTW）模型的统一求解[10]。分段求解相对简单，但是统一求解能够从全局的角度对问题进行优化，具有更好的寻优质量。为此，本文将多校多车型SBRP问题转换为一种特殊的多车型PDPTW问题进行求解，通过限定任何时刻校车上学生的特征，完成不混载和混载两种模式下问题的求解。

针对多车型校车路径问题,本文从问题建模、算法框架设计、多车型 SBRP 算法设计与分析、案例研究 4 个方面开展研究。

(1) 问题建模。通过调研分析校车运营过程中涉及的基本约束条件,考虑不同车型成本之间的差异,确定以总成本作为问题的优化目标。针对不同车型车辆数目、固定成本和可变成本之间的不同组合,衍生不同优化目标的多车型 SBRP 问题。对于多车型 SBRP 问题,建立基于车型的混合整型规划模型,通过减少决策变量的个数,在一定程度上降低模型的计算复杂度。使用精确优化器求解问题模型,探索多车型 SBRP 问题模型求解的难度,同时也为启发式算法的性能评估提供参考。

(2) 算法框架设计。SBRP 问题的求解需要经过数据读取、初始解构造、解的改进和结果输出等基本步骤。为了提高问题求解的效率,避免代码重复开发,设计一个适合单校与多校、单车型与多车型 SBRP 的算法框架,完成底层数据函数、初始解构造、各种局部提升算子和启发策略的设计。

算法框架中包含基本数据结构、函数库、初始解构造算法、局部搜索算子和启发策略等主要部分。基本数据结构中包含 SBRP 解决方案、路径、站点、车型以及各种对象比较的结构等。函数库包含数据读取、解的导入和导出、结果输出、约束检测和站点操作等多种操作。初始解构造算法包含经典的节约法、扫描法、插入法、大旅程法和基于位置的启发法等多种算法,并在此基础上设计多车型 SBRP 问题的初始解构造算法。局部搜索算子包括点、边调整和点对调整的算子,设计了多种路径间和路径内的局部搜索算子。局部搜索算子在改进解的过程中,引用邻域解接受策略、车型调整策略和搜索策略等启发策略引导算法的搜索轨迹,进一步提升算法的优化性能。

(3) 多车型 SBRP 算法设计与分析。从问题模型上来看,单校多车型 SBRP 是一种标准 HVRP 的变体。单校多车型 SBRP 与标准 HVRP 问题的不同之处在于:路径中每个站点的服务时间与站点人数相关,校车行驶路径从场站出发到学校;另外,学生还有最大乘车时间的约束。考虑到校车可用数量的约束，研究车型混合的单校多车型 SBRP 和车辆数限制的单校多车型 SBRP 两类问题。根据不同的优化目标，考虑这两类问题的多种变体，并设计元启发算法进行求解。多校多车型 SBRP 问题约束条件多，求解难度大。鉴于多校 SBRP 问题与 PDPTW 在模型上的相似性[6,10]，本文拟设计一种元启发算法统一求解不混载和混载两种多车型 SBRP 问题，通过引入求解 PDPTW 问题中的点对调整邻域算子和车型调整等策略完成问题的求解。

使用基准测试案例完成算法的测试和分析。首先，从理论的角度分析算法的复杂度。其次，借助实验测试结果的最好解、平均解和标准差等指标衡量算法的稳定性。最后，通过与精确算法优化器求解的已知最优解和其他算法进行比较评估算法的求解性能，进而验证算法的有效性。通过案例测试，探索参数取值、邻域搜索策略和解接受策略等启发策略的最佳组合。测试算法参数的不同取值对算法的性能、收敛性等方面的影响，进而从中获得算法的最佳参数取值。评估算法设计中不同启发策略对算法的影响，为算法策略设计得出有价值的结论。

（4）案例研究。使用无锡市惠山区作为案例区进行研究，使用本文设计的算法进行不同车型下路径规划验证。案例研究分三步完成：① 通过前期实地调研，整理学校数据、站点数据、学生数据和车型数据等原始信息。在 ArcGIS 中完成道路网络数据、站点和学校图层等数据的整理和管理，并根据不同道路的级别设定校车的平均行驶速度。② 利用 ArcGIS 的网络分析功能，计算空间优化所需要的 OD 费用（距离、时间和费用）矩阵。在学校案例基础数据的基础上，结合 ArcGIS 得到 OD 费用矩阵数据，形成满足算法框架支持的 TSPLib 格式的案例文件。③ 针对单校和多校等不同应用场景，使用 C♯ 设计算法进行校车路径规划，将算法规划结果与实际结果进行比较，并完成路径规划结果的展示。同时，生成校车行驶路线，包括站点序列、每个站点的校车到达时间、等待学生人数等报表信息。拟采用网络数据集与网络分析、ArcGIS Geoprocessing 框架等 GIS 相关技术。

使用 Visual Studio 2010 开发环境中的 C♯ 语言，设计算法框架和各种求解算法。算法设计采用面向对象的程序设计方式实现,通过接口、类和结构实现代码的重用。

1.5 论文结构

本文的章节结构组织如下。

第1章:绪论。主要介绍本文的研究背景、研究内容、研究思路以及研究所需要的技术手段。

第2章:文献综述。校车路径问题本质上属于车辆路径问题的范畴,多车型校车路径问题可以认为是一类特殊的多车型车辆路径问题。文献综述从车辆路径问题、多车型车辆路径问题和校车路径问题3方面进行综述。通过梳理与本研究相关的文献,总结现有的研究进展以及存在的不足。

第3章:多车型SBRP元启发算法框架。通过对本文研究问题的分析,先给出算法框架设计的需求,然后分析SBRP的求解算法,确定开发支持邻域搜索元启发算法的算法框架。从数据结构、基础操作、初始解构造、局部搜索算法、元启发算法和启发策略等方面描述算法框架的设计,并给出基于框架的应用开发的示例。

第4章:车型混合的单校校车路径问题。针对多种车型混合的单校SBRP问题,在第3章算法框架的基础上设计一种改进贪婪随机自适应算法。该算法改进了参数的取值方式,并完成了不同优化目标下算法优化性能的实验和测试。

第5章:车辆数限制的单校多车型校车路径问题。针对车型组合和每种车型车辆数限制的单校多车型SBRP问题,基于算法框架设计一种混合元启发算法。使用基准测试案例对算法的优化性能、启发策略等进行测试和分析。

第6章:多校多车型校车路径问题。针对多校不混载和混载两类多校HSBRP问题,构建问题的数学模型,并设计一种元启发算法统一求解。重点描述算法设计的思路、邻域构造和约束检测等,并在基准测试案例上完成测试和分析。

第 7 章:案例研究。使用无锡市惠山区锦江中小学学生接送服务中心提供的数据,借助 ArcGIS 完成网络分析,构造 OD 费用矩阵,并基于此数据构造案例数据。基于此数据完成单校和多校的多车型 SBRP 的案例研究。

第 8 章:结论与展望。总结本研究的主要工作、结论和创新之处,并对下一步的研究进行展望。

2 文献综述

校车路径问题(SBRP)是车辆路径问题(VRP)的一个应用分支。通常,SBRP可以转化为VRP问题及其变体进行求解。多车型校车路径问题可以认为是多车型车辆路径问题的一种。因此,本章首先回顾车辆路径问题尤其是多车型车辆路径问题的研究进展,然后再从单车型和多车型两个方面对校车路径问题的研究进展进行回顾。

2.1 车辆路径问题概述

车辆路径问题通常可以描述为:对一系列装货点和卸货点,组织适当的行车路线,使车辆有序地通过它们,在满足既定的约束条件下,达到一定的目标[11]。车辆路径问题由Dantzing和Ramser于1959年提出,目前已经广泛应用于邮政投递、飞机调度、铁路车辆调度、水运船舶调度、废品收集、物流中心配送、汽油运送以及公共汽车调度等领域。因VRP具有较高的科学意义和工程应用价值,受到了国内外管理学、数学、计算机科学、地理学、运筹学、应用数学、物流科学等学科专家的广泛关注,是运筹学与组合优化领域的前沿和研究热点课题。

2.1.1 车辆路径问题的基本要素

车辆路径问题涉及的因素很多,最基本的要素包括场站、车辆、道路、客户、信息、目标和约束等[12~14]。

场站是车辆出发的起点或停靠的终点。车辆从场站出发进行货物的配送或者将货物运回场站。根据车辆所属场站的数目,可以将VRP分为单场站 VRP 和多场站 VRP[15]。若车辆完成所有任务后返回到场站，即为闭合 VRP；若车辆完成任务后不返回场站，继续作业或者就地停车，则属于开放式 VRP[12,16]。开放式 VRP 中，车辆的行驶路径没有构成一个封闭的回路。随着协同物流、协同运输思想的普及和应用，车辆在完成任务后可以不必回到出发场站，而是在多个场站中选择一个场站停放，然后结束运输，此问题称为半开放式 VRP 问题[17,18]。

　　车辆是提供服务的工具，它完成货物的配送。与车辆相关的因素包括车辆的载重、容积、车型、每种类型车辆数目的限制、行驶里程（时间）限制等。车辆的类型决定了车辆的购置成本、容量、运营可变成本以及对道路等级的要求。根据配送过程中使用车辆的车型不同，VRP 分为单车型 VRP 和多车型 VRP[19,20]。

　　道路是进行货物运输的基础，是连接各个客户和场站之间的交通网络。道路通常表示为节点和弧构成的图，其中节点代表场站或客户，弧表示场站与客户或者客户与客户之间的道路连接。根据道路连接中弧的不同特征，道路网络可以分为有向网络和无向网络。对每条弧可以赋予不同的权重，可以代表节点间的距离费用或时间费用。根据节点间双向的费用权重是否相同，VRP 分为对称 VRP 和不对称 VRP[13,21]。

　　客户表示任意类型的服务对象，可以是个人、零售商店、配送点等。客户对应道路网络中的一个节点。每个客户均有一定的服务需求量，若一个客户允许被两辆或者多辆车配送，则变成需求拆分 VRP[22]。客户还可能有服务时间和服务期限的限制[23,24]，比如有的客户指定最早服务时间和最晚服务时间，有的指定最迟服务开始时间等。根据不同类型的客户需要的服务不同，服务可以分为收货、发货、同时收发等[25]。由于受交通条件的限制，有的客户只能接受某种类型的车辆进行配送或收集服务，比如带拖车的车辆路径问题[13]。VRP 服务的客户还可能是点客户、弧客户和混合客户。点客户要求车辆访问若干站点为其提供收发服务，大多数 VRP 问题研究中均是针对点客户。弧客户要求车辆服务需要沿指定的道路行驶，比如道路除冰、垃圾回收、为绿化带上的花草洒水等[26]。Wøhlk[27]对弧类型的车辆路径问题做了详细的总结回顾。混合客户服务则在车辆服务过程中既有站点服务需求,也有指定道路行驶的服务需求。

信息是直接决定VRP求解结果的基础数据信息,包括站点需求、行驶成本等。若所有的数据都是在求解前已知,并且在车辆运营过程中不会发生变化,此类问题称为静态VRP。在某些应用领域,比如消防、公安、医疗和运输等行业中,无法准确确定用户、随机客户和随机旅行时间等需求量[28,29]。另外,某些待服务客户的需求信息无法准确给出描述,可能是一个模糊量。此外,受到交通流量、天气变化等因素的影响,车辆的行驶成本也会发生动态变化[30,31]。

VRP的优化目标是在满足约束条件的限制下,达到的预定目标。根据优化目标的数量,VRP可以分为单目标VRP和多目标VRP。VRP优化的目标主要包括最小路径长度、最小车辆数、最小总运输成本、最长路径最小化、负载均衡等[32,33]。实际应用中,通常需要优化多个目标。由于多个目标之间相互矛盾,多个目标优化大多采用多目标之间加权法、分阶段优化和基于帕累托集的优化方法等。Jozefowiez等[34]针对多目标车辆路径问题,从问题定义、优化目标、求解算法等方面进行了详细的回顾。

2.1.2 车辆路径问题的分类

自VRP提出之后,不少学者根据研究重点的不同,从不同的角度按照不同的标准对VRP进行了分类。下面列出容量约束、时间窗约束、任务特征等基本约束条件下的几种常见VRP问题(如图2-1所示)。

(1)有容量约束的车辆路径问题(Capacitated Vehicle Routing Problem,CVRP)。CVRP是VRP问题的基本模型,约束条件通常是车辆的容量。当限定时间或路径长度约束条件时,转化为带时间或距离约束的VRP(Distance-Constrained VRP, DCVRP)。这类问题研究时间最长,成果也最多。

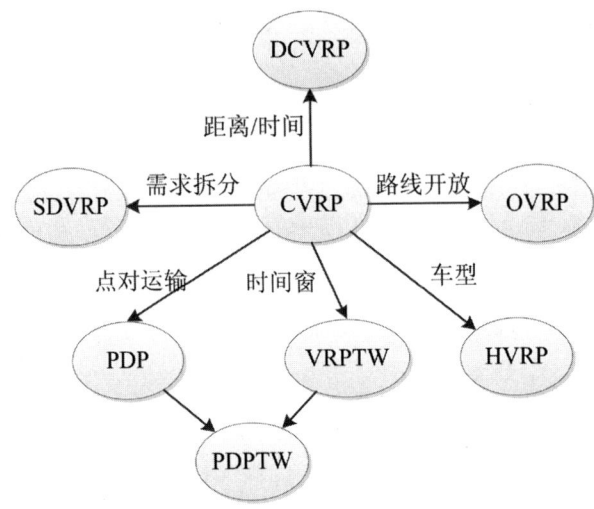

图 2-1　VRP 问题分类

（2）带时间窗约束的车辆路径问题（Vehicle Routing Problem with Time Windows，VRPTW）。VRPTW 是在 CVRP 的基础上加入时间窗约束，每个客户都有服务的时间窗，即最早服务时间和最晚服务时间。时间窗包括软时间窗和硬时间窗。软时间窗即当不满足时间窗约束时，给予一定的惩罚；硬时间窗则是当不满足时间窗约束时，即为不可行解。这类问题研究的成果也比较多。

（3）开放车辆路径问题（Open Vehicle Routing Problem，OVRP）。基本 VRP 模型通常假设车辆从场站出发，执行完配送服务之后回到场站。OVRP 与 CVRP 的主要区别是，前者车辆执行完配送任务后不需要返回场站，即车辆的行驶路线是开放的。

（4）装卸一体化车辆路径问题（Pickup and Delivery Problem，PDP）。PDP 是 VRP 问题的一个重要扩展，它是根据车辆的任务特征进行定义的。PDP 在将货物送到目的地时，先访问取货点然后再访问卸货点[35]。在 PDP 问题上加上时间窗约束，就演变成带时间窗的装卸一体化问题（PDPTW）。

（5）多车型车辆路径问题（Heterogeneous Vehicle Routing Problem，HVRP）。一般 VRP 研究时通常假设所用车辆为同一类型，然而在实际应用中,车辆可以有多种类型。每种车型的固定成本(购置费用、租赁费用)和可变成本(运营成本)不同。HVRP是VRP的一个重要变体。

(6)需求拆分车辆路径问题(Split Delivery Vehicle Routing Problem,SDVRP)。与一般VRP不同,SDVRP允许一个客户被多个车辆服务。需求拆分车辆路径问题是标准VRP的一个松弛问题,通过放宽约束条件使得所用的车辆数或车辆运营费用进一步减少。

有关VRP分类的综述文章详见Bodin和Golden[36]、Bodin等[37]、Schrage[38]、Toth和Vigo[11]、孙丽君等[39]、Eksioglu等[40]。

2.1.3 车辆路径问题的求解算法

关于车辆路径问题求解方法的文献众多,已有文献的方法大体可以分为3类:精确算法、启发式算法和元启发算法[11,40~43]。

精确算法直接依赖于问题的数学模型,算法的求解质量有限,仅能够求解小规模的案例[44]。VRP领域中,研究较多的精确算法有拉格朗日松弛法[45]、列生成法[20,46]、分支切割法[47]、分支定界法[48,49]和动态规划等。

启发式算法通过对过去经验的归纳推理以及实验分析来解决问题[50]。VRP领域中的启发式算法包括构造启发式算法和改进启发式算法。典型的构造启发式算法有节约法[51]、扫描法[52]及其改进算法。节约法的核心思想是首先将每个顾客看作一条线路,然后再尝试进行路径合并;合并过程中考虑节省成本最多的方式进行合并,直到无法合并。扫描法采用的是"先分组后路径(Cluster First Route Second)"的方法,也称Sweep方法。通过旋转一个以车场为中心的射线方式将顾客分组,直到分组不满足约束条件,然后再开启新一轮的扫描,直到所有顾客点都被扫描过。"先路径后分组(Route First Cluster Second)"方法是首先构造一条或者几条很长的路径,然后将长路径划分成若干个短且可行的路径段,例如大旅程法。随着VRP问题规模的不断扩大,构造启发式算法已经不能满足问题求解的需要,现在主要用来构造问题的初始解。改进启发式算法是对问题的初始解再使用路径内或路径间局部搜索(Local Search,LS)

算子进行改进。常用的局部操作算子有 Relocate、2-opt、3-opt、Or-opt、和 Cross 等[43]。

元启发算法是能够跳出局部最优的一类启发式算法[53]。VRP 领域中的元启发算法一般分为邻域搜索元启发、基于种群的元启发、混合元启发和并行协作元启发 4 类[43]。

邻域搜索元启发算法在单个解的基础上，迭代地探索解的邻域空间进行寻优。这类算法在整个搜索过程中维持一个解，也称为轨迹法或单解类元启发算法。典型的邻域搜索元启发算法包括禁忌搜索算法（Tabu Search，TS）、模拟退火算法（Simulated Annealing，SA）及其各种变体、可变邻域搜索（Variable Neighborhood Search，VNS）、大规模邻域搜索（Large Neighborhood Search，LNS）和迭代局部搜索（Iterated Local Search，ILS）等。Willard[54]最早研究了禁忌算法在 VRP 中的应用，随后众多学者在禁忌算法的邻域结构、多样性搜索策略、后优化过程等方面对算法进行了改进。由于禁忌算法不需要设置特殊的编码规则和操作算子，因此禁忌算法在各种类型的 VRP 中有大量的应用[43,55~57]。模拟退火算法是由 Metropolis 提出的一种概率性的全局最优算法。Kirkpatrick 等[58]最先将模拟退火算法成功应用于组合优化问题。Osman[59]将模拟退火算法应用于解决路线分组的 VRP。Dueck[60]提出了模拟退火算法的几个确定性变体，比如记录更新法（Record-to-Record Travel，RRT）成功用于 VRP 的求解[61,62]。可变邻域搜索算法[63,64]通过系统地改变多个邻域结构进行逐步寻优。可变邻域搜索算法（VNS）包含多种变体，比如可变邻域下降（Variable Neighborhood Descent，VND）和 Basic 变邻域搜索（BVNS）等，这些算法在 VRP 相关问题中也得到了应用[65,66]。大规模邻域搜索（LNS）算法迭代使用破坏再重建（ruin-and-create）操作扩大解的搜索空间[67,68]。迭代局部搜索（ILS）算法迭代地应用一个局部提升过程寻找局部最优解，然后借助扰动机制跳出局部最优[69~71]。

基于种群的元启发算法产生一组解，通过不同的策略进行组合产生新解。这类算法包括遗传算法（Genetic Algorithms，GA）、进化算法（Evolutionary Algorithms，EA）、路径重连算法（Path Relinking，PR）、分散搜索算法(Scatter Search, SS)和蚁群算法(Ant Colony Optimization, ACO)等。遗传算法和进化算法在 VRP 问题中应用比较广泛，其解的表达方式通常借助于"先路径后分组"的形式[43]。路径重连和分散搜索是一种解重组的种群类算法，Ho 和 Gendreau[72]首次应用路径重连求解 CVRP。蚁群算法模仿蚂蚁的觅食行为，它是组合优化领域应用广泛的种群类算法[73,74]。粒子群算法(Partical Swam Optimization, PSO)、蜂群算法(Bee Colony Optimization, BCO)、文化基因算法(Memetic Algorithm, MA)等种群类算法也在 VRP 领域内得到了应用。

混合元启发算法克服了单一算法求解过程中的不足，混合使用多种算法进行问题求解。大量的混合元启发算法应用于 VRP 领域中，文献 59、71、75 使用邻域搜索元启发算法进行混合，例如 SA+TS、ILS+VND、TS+ILS 等。基于种群的元启发算法通常和局部搜索算子、邻域搜索元启发算法或其他种群元启发算法进行混合，例如 GA+LS、GA+PSO、PR+PSO 等[76,77]。也有学者将元启发算法和精确算法、机器学习等技术混合应用，这类算法也被称为 Mathheuristic 算法。比如，Subramanian 等[70]针对多车型车辆路径问题，提出一种 ILS 和集合划分模型(Set Partitioning, SP)混合的元启发算法。

并行协作元启发算法考虑多个处理器上任务的协同计算，以解决特定规模问题的求解。Crainic[78]对 VRP 领域的并行元启发算法的模型、通信方式、并行粒度和算法评价等方面做了详细描述。Groër 等[79]提出了求解带容量约束 VRP 问题的并行元启发算法，该算法基于"主从式"通信方式，借助记录更新法和精确优化器混合求解。种群类算法具有天生的并行性，各种种群算法的并行版本也逐渐开始用于求解 VRP 问题及其变体[80~82]。此外，也有学者研究了并行邻域搜索元启发算法，如 Czech 和 Czarnas[83]研究了并行模拟退火算法在 VRPTW 上的应用，在求解 Solomon 实例中有很好的表现。Subramanian 等[84]针对同时带取送货的车辆路径问题，提出一种并行迭代局部搜索算法。

随着元启发算法的不断发展和完善，学者们开始研究通用的元启发算法。针对资源分配、站点访问顺序等不同的 VRP 问题特征，有的学者提出了求解一类VRP问题的统一算法框架,如统一禁忌搜索算法[85,86]、自适应大规模邻域搜索算法[68]、迭代局部搜索算法[87,88]、ILS-SP混合框架[89]和混合基因局部搜索框架[90]等。

我国学者也对VRP进行了广泛而深入的研究,郭耀煌和李军[91]较早开展VRP的相关研究,随后也有不少学者关注随机车辆路径问题[29]、时变车辆路径问题[31]和开放车辆路径问题[12]等多种VRP问题的研究。此外,还有部分学者将空间信息引入物流领域中,在VRP应用中加入地理信息系统(Geography Information System,GIS)相关技术[92,93]。

2.2 多车型车辆路径问题研究进展

2.2.1 问题描述及分类

多车型车辆路径问题(HVRP)是VRP的一个重要变体,它使用一系列容量和成本不同的车辆完成货物的配送。HVRP是在满足基本VRP约束需求的基础上,确定车型的组合和车辆的行驶路径。根据每种车型可用的车辆数目是否限制,HVRP分为车型混合车辆路径问题(Fleet Size and Mix Vehicle Routing Problem,FSM)和车辆数限制的多车型车辆路径问题(Heterogeneous Fixed Fleet Vehicle Routing Problem,HF)两种[94]。FSM由Golden等[19]提出,主要研究最佳车型组合和路径的最优规划方案。HF最早由Taillard[20]提出,它是在车型组合已知的情况下,确定车辆的行驶路径,使其总成本最小[57]。

HVRP的优化目标是最小化固定成本(F)和可变成本(V),根据优化时是否同时考虑车辆的固定成本和车辆的行驶成本,HVRP分为5个主要的变体(如图2-2所示)。

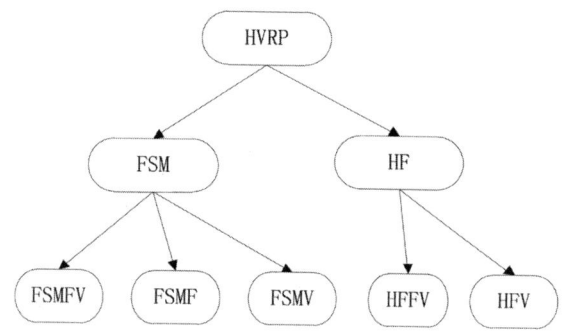

图 2-2　多车型 VRP 的分类

（1）FSMFV：优化目标包含固定成本和行驶可变成本的 FSM[95]。

（2）FSMF：优化目标仅包含固定成本的 FSM[19]。此类问题中一般假设车辆的类型是按照容量或者成本升序或者降序排列的，每种车型的单位可变成本均设置为 1。

（3）FSMV：优化目标仅包含行驶可变成本的 FSM[20]。

（4）HFFV：优化目标包含固定成本和行驶可变成本的 HF[61]。

（5）HFV：优化目标仅包括行驶可变成本的 HF[20]。

这 5 种 HVRP 都是 NP-hard 问题，目前 FSM 问题的研究较多。由于车辆数的限制进一步增加了问题的求解难度，因此 HF 的研究相对较少[94]。

近几年来，不少学者在 HF 和 FSM 的基础上增加其他约束属性，比如时间窗、多场站、动态需求、开放路径、同时取送货、需求拆分等，研究了 HVRP 的其他变体。接下来，本节先对标准的 FSM、HF 进行综述，然后再对 FSM 和 HF 的几个主要变体进行综述。其余 HVRP 变体的相关综述详见 Hoff 等[4]、Kusuma 等[96] 和 Koç 等[97]。

2.2.2　FSM 研究

本小节将按照 FSM 问题的求解算法进行分类综述，在研究中同时考虑 FSM 和 HF 的文献亦在此节综述。

由于 FSM 问题的复杂性，仅有少量文献描述了问题的下界或者使用精确算法进行求解。Yaman[98]首次使用有效不等式给出了FSMF问题的下界。Baldacci等[94]基于二商品流建立FSM的混合整型规划模型，并使用两类有效不等式提升了FSM的下界。Bladacci和Mingozzi[99]提出一种基于集合划分的精确算法，借助三种基于线性松弛和拉格朗日松弛的限界过程进行优化，通过实验证明能够求解少量站点规模的案例。Pessoa等[100]提出一种分支剪支定价方法将FSM问题求解规模扩大到75个站点。Choi和Tcha[101]提出一种求解FSM和HF的统一的精确算法，该算法借助列生成法和集合覆盖模型给出所有问题的下界。Bladacci等[102]建立问题的集合划分模型，然后使用对偶提升过程生成模型的近似最优解，而后在列生成和剪支算法内为集合划分模型添加有效不等式，以缩减偏差值；实验结果证明其效果好过现有的精确算法。

早期求解FSM问题的构造启发式算法较多，大多是在节约法、扫描法和大旅程法等构造启发式算法的基础上进行修改。Golden等[19]提出了节约法和大旅程法两类构造启发式算法求解仅优化固定成本的FSM问题，作者对比了不同节约法求解问题的性能，并给出了求解该问题下界的方法。此外，作者还设计了一组问题规模从50到100个站点不等，包含3到6种不同容量、不同固定成本的车型的测试案例。Salhi和Rand[103]提出一种更高级的构造启发式算法，先按照同一车型构造问题的初始解，然后通过调整车型、合并路径和站点交换等几个提升过程提升解的质量。Renaud和Boctor[104]提出了一种基于扫描法的启发式算法，该算法首先创建大量的路径，然后再将其转化为集合划分问题精确求解；得到的集合划分模型能够在多项式的时间内求解，其结果好过禁忌算法。Han和Cho[105]提出了一种使用基因算法的多样性和探索性特性的构造启发式算法，它组合了阈值接受和大洪水法[60]等几种多样性机制，在小规模案例上结果好过Golden等[19]的算法。除此之外，Taillard[20]针对FSMF、FSMV和HFV问题，提出了一种列生成启发算法，针对每种类型的车型构造问题的初始解，得到一组路径集合，然后将问题转化为集合划分问题进行求解。

Osman和Salhi[106]最早使用禁忌算法求解FSM问题。首先，使用广义插入（Generalized Insertion Procedure，GENI）和 US（Unstring and String）算子得到一个高质量的初始解；然后，在搜索过程中混合使用禁忌算法和自适应记忆规划技术（Adaptive Memory Programming，AMP）[107]逐步提升解的质量。Gendreau 等[108]也在禁忌算法中嵌入了 GENI、US 和 AMP 等多项技术进行寻优。Wassan 和 Osman[109]使用交互式变邻域搜索机制提升禁忌算法的优化能力。近年来，Lee 等[110]针对 FSMF、FSMV 应用一种基于大旅程的集合划分的扫描法创建初始解，然后基于路径集合求解最优车辆分配问题。Brandão[111]提出一种确定性的禁忌算法求解 FSM 问题，使用两种插入法和一种大旅程法创建问题的初始解，然后借助单点插入、双点插入和交换 3 种邻域进行解的提升；算法还允许搜索过程中产生非可行解，并引入多样性机制进一步提升禁忌算法的性能。

Ochi 等[112]最早使用种群类算法求解 FSM 问题，首先基于扫描算法构造遗传算法的初始种群，再采用分散搜索算法组合求解，然后又提供了算法的并行实现版本[80]。Lima 等[113]提出一种混合遗传算法和模拟退火的文化基因算法求解 FSMF 问题，该算法发现了 8 个 Golden 等[19]案例的最优解。Liu 等[114]采用多个启发式算法生成初始解，然后使用遗传算法进行 FSM 的求解。还有一些学者使用种群类算法统一求解 FSM 和 HF 两类问题。Prins[115]提出了求解所有 FSM 变体和 HFV 问题的文化基因算法，其主要思想是基于大旅程的最优划分过程。Vidal 等[90]提出了一种组件式算法框架，该框架以基因算法为主，包括大旅程创建、拆分和局部提升等几个关键组件，能够求解包括 HVRP 在内的一类 VRP 问题。

陈萍等[69]设计了求解 FSMFV 的可变邻域搜索算法，首先采用广义插入算法构造一条包含所有节点的路径，通过路径拆分过程得到问题的初始解，然后应用抖动、多邻域结构和概率接受等策略对初始解进行改进。Imran 等[66]也使用可变邻域搜索算法求解 FSM 和 HF，首先使用 Dijkstra's 算法构建扫描算法的成本矩阵获得问题的初始解，然后采用多个邻域结构对解进行扰动，局部搜索阶段通过设计的多个路径内和路径间操作算法完成局部搜索；为了保证算法的多样性，提供两种可变邻域搜索算法的变体进行问题求解。另外，作者还在 Li 等[61]提供的测试案例数据的基础上，考虑大车型具有较高的固定成本和可变成本的因素，重新指定了 5 种车型的容量、固定成本和单位可变成本。

Duhamel 等[116]提出一种求解 FSM 和 HF 的进化局部搜索算法（Evolutionary Local Search, ELS），通过贪婪随机自适应算法生成问题的初始解，通过对初始解的拆分、变异和合并等操作逐步寻优。拆分时，使用基于深度优先搜索方法标记搜索过程，通过实验对比证明了 ELS 在求解 5 种标准 HVRP 变体上的有效性。作者还在分析法国 96 个县市数据的基础上，提供了一组以真实城市为基础加工后的多车型测试案例集（DLP_HVRP）。该测试案例集包含 3 个子数据集，分别是 13 个小规模案例集、40 个中等规模案例集、33 个大规模和超大规模案例集。问题规模在 60~200，车型组合随机生成，最多有 8 种车型，并且车型的成本并不完全依赖车辆的容量。

Subramanian 等[70]提出 ILS 和 SP 的混合算法求解 HF 和 FSM，算法基于迭代局部搜索算法（ILS）生成的路径创建集合划分模型，然后再使用 CPLEX 精确求解集合划分模型。针对相同的问题，Penna 等[71]提出一种 ILS 算法进行求解，算法在 ILS 框架内使用邻域随机排序的可变邻域下降（Randomize Variable Neighborhood Descent, RVND）方法进行局部搜索，发现了 4 个最好解。

2.2.3 HF 研究

HF 问题比 FSM 问题增加了车辆数的限制，至今尚无求解标准 HF 的精确算法[97]。本节仅回顾求解 HF 的启发式算法。

Tarantilis 等[117]提出一种基于阈值接受的元启发算法（LBTA）求解 HF。该算法使用一组阈值确定解的接受规则，从而扩大解的搜索空间。在后续的研究中，作者针对同类问题提出带回溯的自适应阈值接受算法（BATA）[118]。与 LBTA 不同的是，BATA 不仅允许阈值下降，而且允许阈值上升。在 Taillard[20]的测试案例中，LBTA 得到了更好的实验结果。

Li 等[61]提出一种记录更新法（RRT）求解两类 HF 问题，通过单点移动、两点交换和 2-opt 等局部算子提升了解的质量。与此同时，作者还设计了一个算法生成了一组站点数 200~260 的较大规模测试案例，并在文中给出了算法生成伪码和每个案例的车型信息。

Li 等[119]提出一种混合禁忌搜索、自适应记忆规划和路径重连技术的元启发算法，在自适应记忆规划过程中保存多个初始解，并通过禁忌搜索算法进行提升；再使用路径重连技术继续进行"后优化"。通过实验证明了路径重连技术在其算法中的重要作用，并发现了新的最好解。Brandão[57]提出一种确定性的禁忌搜索算法求解 HFFV 问题，在大旅程法的基础上通过设定不同的参数构造问题的初始解，然后借助单点插入、双点插入、三点插入和交换邻域操作提升初始解；搜索过程中，借助 GENI、US 和 2-opt 等操作对路径进行提升。

Liu[120]使用混合基因算法求解 HVRP 的相关变体，算法在基因算法的框架内嵌入最优拆分过程，实验结果证明了其算法的有效性。Matei 等[121]也在基因算法内部引入局部搜索、迁移策略等多种策略求解 HFFV 问题；该算法发现了 5 个已知最好解。

2.2.4 HVRP 的其他变体研究

HVRP 的变体很多，本节仅对带时间窗的 HVRP、开放路径的 HVRP 和同时取送货的 HVRP 3 种变体进行简要综述。

在标准 HVRP 问题中考虑每个站点的服务时间，即衍生出带时间窗的 FSM（FSMTW）和带时间窗的 HF（HFTW）2 类问题[97]。这 2 类问题有时间和距离两种度量标准，时间度量表示为车辆的固定成本与车辆的总行驶时间之和（T），其中车辆总行驶时间内不包含站点的服务时间；而距离度量则表示为车辆的固定成本与总行驶距离之和（D）。由此 FSMTW 和 HFTW 又分为 4 种问题类型：

（1）FSMTW(T)：以时间度量为优化目标的 FSMTW[122]；

（2）FSMTW(D)：以距离度量为优化目标的 FSMTW[123]；

(3) HFTW(T):以时间度量为优化目标的 HFTW[124];

(4) HFTW(D):以距离度量为优化目标的 HFTW[125]。

Liu 和 Shen[122]提出一种求解 FSMTW(T)的两阶段算法,首先使用节约法构造问题的初始解,然后借助一种平行插入过程提升初始解;作者还设计了 168 个 FSMTW 测试案例。针对同类问题,Dullaert 等[126]提出一种串行构造算法,它包括 3 种基于插入的启发算法。Dell'Amico 等[127]在破坏重建的算法框架内嵌入一个多启动的平行 Reget 构造启发算法,算法允许使用大车完成两条或几条路径的合并,并且允许将大路径拆分成小路径。Brāysy 等[123]提出一种求解 FSMTW(T)和 FSMTW(D)问题的多启动模拟退火算法。该算法分为 3 个阶段求解:首先使用节约法构造初始解,其次使用一个新的局部提升过程尝试缩减初始解的路径数量,最后再借助 4 个局部搜索算法提升解的质量。Brāysy 等[128]针对 FSMTW(D)提出了一种基于阈值接受的混合元启发算法,在局部搜索算法内增加多种搜索策略,以提高算法的总体寻优能力。Paraskevopoulos 等[124]提出一种基于禁忌算法的两阶段启发式算法求解 FSMTW(T)和 HFTW(T):首先使用半并行的构造启发式算法得到问题的初始解,然后混合使用可变邻域的禁忌算法和多样性策略进行提升,首次报告了 HFTW(T)的实验结果。Koç 等[125]提出统一求解 FSMTW 和 HFTW 的混合进化算法(HEA)。HEA 组合了种群算法和自适应大规模邻域搜索等多种元启发算法的特性,并引入了精英解集的多样化和深度化策略,同时还扩展了 Prins[115]的大旅程拆分算法,以确定最好车型组合,实验结果证明了 HEA 算法在 4 类问题上的有效性。

HVRP 的研究中,若允许每种车辆服务完之后不回到场站,即为开放路径的 HVRP。Li 等[129]首次研究开放路径的 HF 问题,并提出一种多启动的自适应记忆规划禁忌算法进行问题的求解。在 19 个随机生成的测试案例上进行了测试,实验验证了算法的有效性。Yousefikhoshbakht 等[130]针对同类问题,提出基于核心路径的禁忌算法求解 24 个测试案例,实验结果优于蚁群算法。

Qu 和 Bard[131]研究了一种同时取送货 HVRP 的新变体,它允许每个车辆的内部容量可以根据不同类型用户的需求进行修改。作者先给出问题的混合整型规划模型,然后在贪婪随机自适应算法框架内混合自适应大规模邻域搜索算法进行问题求解;在 8 个实际案例中进行测试,结果表明能够有效地节约 30%～40%的成本。Qu 和 Bard[132]在上述研究的基础上增加时间窗约束进行研究,并提出了一种分支剪支定价算法。为提高算法性能,引入标记算法、不等式等强化搜索,经过实验在大部分案例获得了最优解。

国内学者也对多车型校车路径问题的相关变体进行了相关研究,并采用元启发算法进行问题求解。郭耀煌等[133]针对多车型多车场调度问题建立模型,然后提出一种启发式算法进行问题求解。钟石泉和贺国光[134]、叶志坚等[135]、李进和傅培华[136]等使用禁忌算法求解增加不同约束条件的多车型车辆路径问题。陶胤强和牛惠民[137]考虑了多车型车辆路径问题中不同车型具有不同费用以及任务和车型之间相容性的问题,提出了带硬时间窗的多车型多费用非满载车辆路径问题的模型,并设计一个启发式算法进行求解。王晓博和李一军[138,139]使用基因算法分别求解单车场、多车场的多车型混合装卸车辆问题。张景玲等[140]使用量子进化算法求解动态多车型问题。马建华等[141]使用蚁群算法求解多车型多车辆快速完成的车辆路径问题。除此之外,葛显龙等[142]、罗平[143]、田宇等[144]也对多车型车辆路径问题进行了深入研究。

2.3 校车路径问题研究进展

本节首先对校车路径问题的组成元素和分类进行概述,然后按照校车的车型特征分类进行回顾,重点是分析校车路径生成问题及其求解算法。

2.3.1 校车路径问题概述

校车路径问题(School Bus Routing Problem,SBRP)由 Newton 和

Thomas[3]提出,主要研究如何在满足各种条件的约束下规划校车的运营路线,将学生从乘车站点送到学校或者将学生从学校送回乘车站点的路径优化问题。与经典的 VRP 相比,SBRP 增加了与学生相关的约束条件,比如最大乘车时间、学校时间窗、最小步行距离等约束,使得其求解比 VRP 更加困难[8,145]。正如 VRP 一样,SBRP 也是一类 NP-hard 问题。

  SBRP 自提出后,不少学者对其进行了持续不断的研究。根据现有文献的研究范围,Park 和 Kim[8]将 SBRP 问题划分为 5 个子问题:① 数据准备,利用交通网络信息准备学生、学校、乘车站点以及它们之间的 OD 成本(距离)矩阵信息;② 站点选择,在给定的交通网络上规划合适的站点,然后将学生分配到站点;③ 校车路径生成,在已知站点和每个站点学生数的基础上规划校车的行驶路线;④ 时间窗调整,统筹安排多校问题时调整每个学校的时间窗;⑤ 路径调度,为多个学校提供校车服务时不同时间段线路的调度安排。学者一般选择 1 个或者 2 个问题进行研究,目前研究的热点集中在校车路径生成问题上,均是在基本假设乘车站点、学校时间窗已知的情况下,对校车路径进行规划和调度。

  SBRP 问题包含学生、乘车站点、校车、学校、道路网络、优化目标和约束条件等多种因素。SBRP 的约束条件主要包括车辆、学生与学校、运输任务以及其他相关约束。下面针对 SBRP 涉及的主要因素进行分类描述。

  (1) 学生:SBRP 服务的对象。与学生相关的约束条件包括最大乘车时间、最大步行距离等约束条件。最大乘车时间限定学生在校车上不能乘坐太久。部分学生需要从家所在地上车而不是从车站上车,因此将学生分配到车站时必须考虑最大步行距离的限制。根据学生的情况不同,有可能需要有特定设施的校车为他们提供服务,如残疾学生、特殊需求的学生等[146]。Braca 等[147]在校车服务系统中简单讨论了特殊需求的学生的运输。Ripplinger[148]集中讨论了农村地区的特殊需求学生的校车服务问题。

  (2) 乘车站点:校车停靠服务学生的地点。为学校设置合适的乘车站点并分配适当的学生到站点是一个非常难的问题。每个乘车站点都有一定数目的学生,但不能超过最大学生人数的限制。当学生从家走到乘车站点时,还需要考虑最大步行距离的限制。每个站点还可能有最早上车时间、最晚上车时间的限制。当允许多辆校车服务一个乘车站点时,站点的需求即可以进行分割。在人口密度比较低的地区,还可以设置中转站点,允许校车将部分学生送至中转站,然后这部分学生再乘坐其他校车上学[37,146,149]。

(3) 校车:提供运输学生的服务工具,是用来接送学生上下学的专用车辆。与校车相关的主要约束条件是容量约束,校车服务过程中不允许超载。根据车型是否相同,SBRP 可分为单车型和多车型。车型的差异,主要体现在容量、车辆购置成本、可变维护成本以及运送特殊需要的学生的设备等。车型的使用也与校车服务地区的地形、道路等级、学生分布情况和学生的特征有关。校车的行驶路径可能有最长距离的限制,比如在设置中转站问题时会限制换乘的次数以及在中转站的最大等待时间等。为了保证各条线路间的负载均衡,每条路径上还会限制最小服务学生人数等[147]。

(4) 学校:学生上学的目的地或者放学出发地。根据校车服务学校的数目,SBRP 可以分为单校问题和多校问题。学校的时间窗限制着学生必须在规定的时间内到达(或离开)学校,多校问题的时间约束更加普遍。当多个学校联合运营时,要求校车必须在指定的时间窗内到达服务的学校。根据学校的时间窗,SBRP 还可以分为上学问题和放学问题[8]。Braca 等[147]指出求解上学问题比放学问题更加困难,原因在于上学时间的严格限制和实际的交通状况。放学问题经过适当的修改可以转换为上学问题[32]。

(5) 道路网络:校车提供服务的基础。道路网络所在地区的地理环境、气候和交通状况等会对校车服务产生一定的影响。由于实际交通道路网络存在不确定因素,校车的实际行驶成本也会发生变化。此外,突发的道路状况和不良天气等因素,也会导致校车服务的延迟。

SBRP 的优化目标包含成本、质量、公平性 3 个方面[8,145,150]。

成本是提供校车服务所需消耗的人力和物力资源,经常被作为第一优化目标或者唯一优化目标。与成本相关的优化目标有总成本、校车数量、校车总运营里程和校车总运营时间等。Bowerman 等[151]指出车辆购置、保险、司机工资等运营车辆的成本和校车运营里程的日常成本是校车服务系统中两个主要的成本。刘茶等[2]指出车辆的购置成本在校车运营成本中所占比例最大,因此文献 8、9、147、152～154 直接把使用校车的数量作为优化目标。校车运营的里程和时间则是日常维护成本的重要组成部分,若能减少校车运营里程和时间,则能进一步降低成本。

质量可以衡量服务满足需求的程度。与质量相关的约束条件主要有学生的最大乘车时间、学生的最大步行距离(时间)和学生损失时间等。最大乘车时间限制学生乘坐校车不能太久,必须在特定的时间限制内。当校车不提供到家接送服务时,还要限定学生能够步行到最近车站的时间或距离,通常在站点选择时需要考虑学生的最大步行距离或时间。Spada 等[5]提出以学生损失的乘车时间作为校车服务质量的优化目标,学生损失的乘车时间通过对比学生乘坐校车的时间与乘坐出租车直达学校所需的时间进行衡量。

公平性目标主要体现在不同校车运营路线间的负载均衡、运营里程或运营时间的均衡[12,32,33,151]。线路间负载均衡主要是各条线路上承载的人数大致相同,一般通过路径上学生人数的平方和进行评价。运营里程或运营时间的均衡则是各条校车运营线路上的行驶距离或司机工作时间大致相当。党兰学[10]指出运营里程均衡以各条路径长度与平均长度之差的平方和来衡量,而时间均衡与之类似。

SBRP 优化过程中通常考虑 2 个以上的优化目标,若要同时满足多个目标是非常困难的[32]。目前处理多个目标通常有 3 种方法:分步骤优化、多目标加权和基于帕累托(Pareto)集的方法。分步骤优化是先满足第一目标,然后在此基础上依次满足其他目标[32,33,155]。多目标加权是将多个目标转换成单目标进行优化,为每个目标设置相应的权重[7,151]。基于帕累托集的方法是在优化过程中加入帕累托最优的概念,实现多个目标的优化[156]。

根据 SBRP 涉及的因素对 SBRP 问题进行分类(如表 2-1 所示)。

表 2-1　SBRP 问题的分类

分类依据	类　　别
优化目标数量	单目标、多目标
学校数目	单校、多校
是否混载	混载、不混载
问题范围	早上上学、下午放学、两者都考虑
场站数量	单场站、多场站
特殊学生	考虑、不考虑
需求拆分	可拆分、不可拆分
服务环境	农村、城市、郊区
车型	单车型、多车型

有关 SBRP 的综述文章详见 Desrosiers 等[157]、Braca 等[147]、Spada 等[5]、Park 和 Kim[8]、党兰学等[145]。

2.3.2 单车型校车路径问题

提供服务的校车若属于同一种车型,则即为单车型 SBRP。下面分别以同种车型下单校 SBRP 和多校 SBRP 的研究进行综述。

(1) 单校 SBRP

单校 SBRP 是指针对一个学校规划站点,校车依次通过这些站点将学生送到学校或者从学校送回居住地。单校 SBRP 问题的模型与 CVRP、OVRP 的模型相似,可以利用 VRP 模型进行求解。直接利用模型的精确求解较少,大部分问题的求解仍借助于启发式算法和元启发算法。现有的 SBRP 研究,大部分属于单车型单校 SBRP 的研究范畴,与其相关的文献如表 2-2 所示。

从表 2-2 中可以看出,使用精确算法求解单校 SBRP 的相对较少,仅有 Schittekat 等[158]、Bektaş 和 Elmastaş[159]、Martinez 和 Viegas[160]、Riera-Ledesma 和 Salazar-González[161,162]、Kinable 等[163]等几篇文献。Schittekat 等[158]将学校认为一个站点,路径是从学校出发然后再回到学校的一个封闭的回路。假设学生可以选择走到哪个乘车站点,然后建立整型规划模型。利用商业软件 IP Solver 精确算法小规模的实例,并随机生成人工案例，然后利用元启发算法求解。Bektaş 和 Elmastaş[159]考虑校车容量和学生最大乘车时间约束，建立整型规划模型，利用 CPLEX 进行求解土耳其安卡拉地区站点规模为 29 的校车服务问题。

表 2-2 单车型单校 SBRP 相关文献

文献	目标	约束	算法
Newton 和 Thomas[3]	—	C, MRT	H
Bennett 和 Gazis[167]	TBD, TSD	C	H
Gavish 和 Shlifer[166]	N, TBD	C, MRT	H
Dulac 等[168]	N, TBD	C, MRT, MWT	H
Chapleau 等[169]	N, SWD	C, MRT, MWT	H
Bowerman 等[151]	N, SWD, BLB	C, MWT	H
Spasovic 等[170]	TC	C, MRT	H
Corberán 等[171]	N, MRL	C	M
Li 和 Fu[32]	N, TSD, TBD, BLB	C	H
符卓[12]	N, TST, TBT, BLB, RLB	C	H
Geem 等[181]	N, TBT	C, TW	M
Schittekat 等[158]	TBD	C	E、M
Pacheco 和 Marti[173]	N, MRL	C	M
郭强等[33]	N, TBT, TST, BLB, RLB	C, MRT	H
Bektaş 和 Elmastaş[159]	N, TBD	C, MRT	E
Nayati[174]	TBD, TBT	C	M
张苗[172]	TBD	C	M
Rashidi 等[175]	TST	C	M
Martinez 和 Viegas[160]	TBT	C	E
Arias-Rojas 等[177]	TBT	C	M
Zhang 和 Li[180]	TC	C	M
许文龙等[165]	TBD	C	H
Euchi 和 Mraihi[176]	TBD	C	M
Riera-Ledesma 和 Salazar-González[161]	TBD	C	E
张富和朱泰英[155]	N, TBD, BLB, RLB	C	H
Riera-Ledesma 和 Salazar-González[161,162]	TBD	C	E
Pacheco 等[156]	TBD, MRL	C	M
Schittekat 等[164]	TBD	C	M
Kinable 等[163]	N	C	E
孔云峰等[178]	N, TBD	C、MRT	M
侯彦娥等[179]	N, TBD	C、MRT	M

注：目标包括 BLB(校车负载均衡)、MRL(最大路径长度)、N(校车数量)、RLB(路径长度均衡)、SWD(学生步行距离)、TC(总成本)、TBD(总运营里程)、TBT(总运营时间)、TSD(学生总的乘车里程)、TST(学生总的乘车时间)；约束包括 C(校车容量)、MRT(最大乘车时间)、MWT(学生最大步行距离或时间)、TW(学校开学时间窗)；算法包括 E(精确算法)、H(启发算法)、M(元启发算法)。

Martinez 和 Viegas[160]建立校车路径问题的混合整型规划模型，利用商业软件对问题进行求解(分支限界算法)。Riera-Ledesma 和 Salazar-González[161]考虑站点选择和路径选择 2 个子问题，建立其混合整型规划模型，并提出了一个基于分支切割方法的精确求解算法；在人工生成的测试案例上做了仿真实验，实验验证使用其设计的精确算法的有效性，并且求解问题规模达到 125 个站点。Riera-Ledesma 和 Salazar-González[162]针对同样的问题，给出了集合划分模型，设计了一个分支剪支定价精确算法。Kinable 等[163]同时考虑站点选择、学生分配到站点和路径生成等问题，构建该问题的集合划分模型；在问题求解上，作者提出一个精确的分支定价框架，采用列集合管理、定界过程和更严格的分支过程等技术提升列生成法的求解质量；在 Schittekat 等[164]的生成案例上使用列生成法进行精确求解，验证算法的性能，并生成一组新的测试案例。

求解单校 SBRP 的启发式算法主要有构造启发式算法和改进启发式算法等。Newton 和 Thomas[3]、许文龙等[165]使用"先路径后分组"的方式构造问题的初始解。Gavish 和 Shlifer[166]、Dulac 等[168]、Chapleau 等[169]、Bowerman 等[151]、Spasovic 等[170]使用了"先分组后路径"的解构造方法。改进启发式算法主要是在初始解的基础上使用λ-opt 等操作算子对解进行改进。文献 Newton 和 Thomas[3]、Dulac 等[168]、Chapleau 等[169]均使用了 2-opt 来改进初始解，Bennett 和 Gazis[167]则在改进阶段使用了 3-opt。

Li 和 Fu[32]考虑车辆数、学生总乘车时间、总运营里程、负载和乘车时间均衡 4 个目标，建立问题的多目标非线性混合优化模型，然后提出一个启发式算法分阶段进行问题求解。首先确定最佳车辆数，然后通过路径创建策略和解提升策略逐步优化。符卓[12]针对多目标 SBRP，设计 5 个阶段的构造启发式算法逐一进行问题求解，并在某幼儿园的实际案例上进行算法验证。郭强等[33]研究社区儿童接送服务车辆的路线优化问题,考虑车辆数最少、行驶时间最短、乘客总旅行时间最短、负荷均衡和运行时间均衡5个目标,将目标按优先级进行划分,设置不同目标的权重,并提出求解问题的启发式算法。算法从构造最小生成树开始得到问题初始解,然后通过线路间调整得到优化的线路。张富和朱泰英[155]以高校教师乘车站点及线路安排为对象,首先针对乘车站点建立了双目标非线性规划模型,确定乘车站点;然后再针对线路优化考虑多个优化目标,并使用启发式算法进行问题求解。

随着计算机技术的不断发展,不少学者开始使用进化算法、基因算法、禁忌搜索、蚁群算法、变邻域搜索等元启发算法求解SBRP问题。

Corberán等[171]研究农村地区的校车服务,以最小化车辆数和最小化学生的乘车时间为优化目标,先使用分散搜索种群进化算法分别针对两个目标进行优化,然后再对解进行组合产生新的方案。张苗[172]考虑站点和路径生成以及学生对站点选择的偏好,建立双层规划模型,并使用基因算法进行求解。

Pacheco和Marti[173]使用禁忌算法求解多目标SBRP路径。Nayati[174]利用ArcGIS的网络分析模块求解SBRP问题,本质上是采用了禁忌算法。Rashidi等[175]针对农村地区的大规模SBRP问题,首先构造问题的可行解,然后再使用抛射链法和禁忌算法组成的混合算法对问题的解进行改进。Pacheco等[156]同时考虑校车最长行驶路径最小化和总行驶里程最短2个目标,在多目标自适应记忆规划框架内使用禁忌搜索进行问题求解,然后与非支配排序基因算法实现的结果进行比较。

Euchi和Mraihi[176]提出一种蚁群算法和可变邻域搜索算法混合的算法,用以解决突尼斯市的校车路径问题。实验结果表明,使用此混合算法进行规划,能够使用更少的校车,并且行驶距离更短。Arias-Rojas等[177]也使用蚁群算法优化校车路线,与Euchi和Mraihi[176]不同的是,这种方法在校车数量固定的情况下对路线进行优化。孔云峰等[178]设计一种混合2-opt局部搜索的蚁群算法求解双目标校车路径问题,在保证车辆数最少的情况下,进一步优化总运营里程。实验结果证明了混合蚁群算法优于基本蚁群算法,进一步将结果与 CPLEX 求得的精确结果进行比较,发现设计的蚁群算法在车辆数目标上求解的效果较好。

Schittekat 等[164]在解决兼顾站点选择和路径安排的校车路径问题时,使用贪婪随机自适应算法构造问题的初始解,然后再使用可变邻域下降算法对解进行改进。侯彦娥等[179]针对兼顾车辆数和总运营里程的双目标校车路径问题,使用变邻域搜索算法分阶段进行求解,基于 Park 等[6]设计的 SBRP 测试案例进行测试。实验结果表明设计的变邻域搜索算法能够在小规模案例上达到 CPLEX 精确求解的效果,在中大规模案例上的求解性能优于蚁群算法。

除此之外,其他元启发算法也在 SBRP 求解得到了应用,如粒子群算法[180]和声搜索算法[181]等。

(2) 多校 SBRP

多校 SBRP 是指校车为多个学校服务。根据同一时间校车上是否允许搭乘不同学校的学生,多校 SBRP 又分为不混载 SBRP 和混载 SBRP 2 种。多校 SBRP 的约束条件比单校 SBRP 多,主要约束包含校车容量、学生最大乘车时间、学校时间窗、最大步行距离、最早上车时间等。单车型多校 SBRP 的相关文献如表 2-3 所示。

由于多校 SBRP 的问题比较复杂,仅有少量的文献使用精确算法求解多校不混载 SBRP[153,182,183]。Swersey 和 Ballard[153]在已知路径数给定的基础上,建立两个离散的整型规划模型,然后使用线性松弛进行模型求解。与实际的校车调度相比,能够降低 25% 的校车使用数量。Fügenschuh[182]考虑不同学校的开学时间差异对校车调度的影响,构建问题的整型规划模型。在分支切割算法的基础上加入多种技术,比如线性松弛、固定变量、系数提升等多种策略,降低时间复杂度。Fügenschuh[183]进一步利用 SP 模型松弛算法改善优化结果。

表 2-3　单车型多校 SBRP 相关文献

文献名	是否混载	目标	约束	算法
Angel 等[184]	否	N,TBD	C,MRT	H
Newton 和 Thomas[185]	否	N,TBD	C,MRT	H
Verderber[187]	否	N,TBD	C,MRT	H
Bodin 和 Berman[152]	否	N	C,MRT,TW	H
Swersey 和 Ballard[153]	否	N	C,TW	E
Desrosiers 等[186]	否	N,TBD	C,MRT,MWT	H
Fügenschuh 等[188]	否	N,	N,DH	H
Fügenschuh 和 Martin[189]	否	N	C,TW	H
Fügenschuh[182]	否	N,TBD	TW	E
Fügenschuh[183]	否	N,TBD	TW	E
丁常勇[190]	否	TBD	C	M
陈小潘 等[191,192]	否	N	C,MRT,TW	M
Russell 和 Morrel[146]	是	TBD	C,MRT	—
Chen 等[193]	是	N,TBD	C,MRT	H
Braca 等[147]	是	N	C,MRT,TW,EPT,MSN	H
党兰学 等[10,154,195]	是	N	C,MRT,TW	M
汤雅连 等[196]	是	TC	C,TW	M
Campbell 等[194]	是	TBD	C,TW	M
Ellegood 等[197]	是	—	C	E
Bögl 等[149]	是	TBT	C,EPT,MWT	M

注：目标包括 N(校车数量)、TBD(总运营里程)、TBT(总运营时间)、TC(总成本)；约束包括 C(校车容量)、DH(空载里程)、EPT(最早上车时间)、MRT(最大乘车时间)、MSN(最小学生数)、TW(学校时间窗)、MWT(学生最大步行距离或时间)；算法包括 E(精确算法)、H(启发算法)、M(元启发算法)。

针对多校不混载 SBRP，构造启发式和改进启发算法应用得较多。Angel 等[184]将每个站点到学校单独作为一条路径，然后评估路径间的相关性进行路径合并，之后用 TSP 算法重新安排路径上的站点进一步优化。Newton 和 Thomas[185]采用"先路线后分组"的方式生成校车路线。

在改进提升阶段,Desrosiers 等[186]、Bodin 和 Berman[152]分别使用了 2-opt 和 3-opt 算法。Verderber[187]基于节约法设计校车路线。Fügenschuh 等[188]提出一种构造式启发算法,通过约束传递和时间变量上下限的逼近来减小邻域搜索空间,优化车辆数和空载里程 2 个目标。Fügenschuh 和 Martin[189]将学校的开始上课时间加入到多校调度问题模型,将问题转换成多标准的离散优化问题,然后提出一个两阶段的启发式算法进行问题求解。

丁常勇[190]利用蚁群算法进行解算合作模式下的校车路径规划问题,通过在多个学校构成的多中心之上增加虚拟的总场站,将多中心的校车路径问题转换成单中心问题,其本质是多个学校之间的调度。陈小潘等[191]在单校校车路径规划的基础上,将单校路径抽象为虚拟站点,进而将多校调度问题转换为 VRPTW 问题,在模拟退火算法框架中引入多个局部搜索算子搜索邻域解,逐步改善求解质量。而后,作者又研究了时间窗调整情况下的校车调度问题[192]。

多校混载 SBRP 的研究进展相对比较缓慢。早期的研究中,Russell 和 Morrel[146]、Chen 等[193]等仅是提及多校混载问题,并没有针对混载明确地给出算法。Braca 等[147]首次给出求解混载 SBRP 的算法,随后也有一些学者对混载 SBRP 的求解算法进行了研究[10,149,194]。

Braca 等[147]首先建立了多校混载 SBRP 的集合划分模型,然后使用基于位置启发算法(Randomize Location Based Heuristic,RLBH)产生可行的校车线路。问题求解过程中,随机选择一个乘车站点和其对应的学校相连构成一条路径,然后尝试将其他乘车站点和对应的学校插入到该路径内,若不能完成插入再按照以上方式生成新的路径,直到所有的乘车站点都包含在路径内。为了避免一条路径上服务学生的人数过少,作者还限定了单条路径上最少服务的学生人数不能少于 11 人。在纽约市曼哈顿区 73 所学校校车路径与时间安排问题上验证了算法的有效性。

党兰学等[10,154]针对多校混载 SBRP,以使用车辆数最小为优化目标,提出一种以记录更新法为框架的元启发算法。在算法框架内引入 PDPTW 问题中的单个点对移动(Single Pair Insertion,SPI)、两个点对交换(Swapping Pairs Between Routes,SBR)和单个点对路径内调整(Within Route Insertion,WRI)算子,并设计多种搜索策略对解的质量逐步提升。实验结果表明该算法优于 Braca 等[147]和 Park 等[6]提出的算法。而后,作者又针对大规模多校混载案例求解中耗时的问题,根据乘车站点与各个学校之间的时空关系定义时空邻域,并在搜索过程中引入邻接表排除不可能的站点学校对,通过实验证明基于时空邻域的邻域搜索能够在保证求解质量的基础上,大幅地降低求解时间[195]。

汤雅连等[196]研究服务多个高校的校车联营运输问题,同时考虑高校校区地理位置、教职工安全以及道路状况等多种因素。首先建立高校校车联营的协同车辆路径问题模型,然后设计一种混合蚁群协同算法进行求解。求解算法综合运用蚁群优化算法和遗传算法的优势,并增加平滑和混沌搜索机制,提高算法的收敛速度和寻优能力,最后以广州市 10 所高校的联营运输为例,验证了算法的有效性。

Campbell 等[194]研究多校混载问题的一个变体,假设各个学校有不同的开学时间,所有的校车类型均相同。为了求解该问题,作者提出了一个三阶段的元启发算法进行求解:首先使用节约算法生成乘车站点到其指定学校的路径段,然后使用可变邻域下降过程对初始解进行改进,最后再通过路径合并得到问题的解。由于没有提供任何扰动机制跳出局部最优,该算法的求解质量相对较差。

Ellegood 等[197]针对混载校车路径问题,使用连续近似的方法对问题进行分析。研究中假设各个学校使用相同类型的校车,且各个学校有不同的开学时间。通过实验分析指出学校位置相对集中时,混载能够有效地减少校车的行驶距离;在农村或者人口分布较为稀疏的地区使用混载方式提供校车服务,能够减少乘车站点的设置,提高校车服务的效率。

Bögl 等[149]研究了带中转的混载校车路径问题,主要目的是规划校车的行驶线路。作者考虑乘车站点的选择、学生分配到站点、校车路径生成和校车调度 4 个子问题,并在问题求解过程中允许学生在到达其学校之前能够在不同的校车运营线路上进行中转。为了求解这一复杂的问题,首先设计一种基于破坏重建机制的启发算法进行求解,然后又将问题描述成拨号运输问题和开放车辆路径问题,并提出两个变邻域搜索算法分别求解。在 3 种算法上的比较验证,证明了基于破坏重建启发算法的有效性。

2.3.3 多车型校车路径问题

在提供校车服务时,若使用容量、成本不同的校车提供服务,即为多车型校车路径问题(Heterogeneous School Bus Routing Problem,HSBRP)。因校车路径问题的复杂性,HSBRP 相关的文献较少,相关文献如表 2-4 所示。

表 2-4 多车型 SBRP 相关文献

文献名	类型	目标	约束	算法
Thangiah 和 Nygard[199]	单校	N,TBD,TSD	C,MRT	M
Ripplinger[148]	单校	TST	C,MRT	M
Ke[7]	单校	TBD,SWD,TC	C	E
Kim 等[9]	多校调度	N	C,TW	H
Chen 等[200]	多校调度	N	C,TW	E,M
Hargroves 和 Demetsky[198]	多校混载	N,TBD	C,MRT,MSN	—
Spada 等[5]	多校混载	TBD	C,TW	H
Thangiah 等[201]	多校混载	TC	C	H
de Souza 和 Siqueira[202]	多校混载	TBD	C	H
Park 等[6]	多校混载	N	C,MRT,TW	H

注:目标包括 N(校车数量)、TBD(总运营里程)、TC(总成本)、TST(学生总的乘车时间)、SWD(学生步行距离);约束包括 C(校车容量)、MRT(最大乘车时间)、MSN(最小学生数)、TW(学校时间窗);算法包括 E(精确算法)、H(启发算法)、M(元启发算法)。

现有的多车型 SBRP 文献中,部分文献仅在问题定义时考虑使用不同类型的校车提供服务,而在算法描述和实验验证时并没有给出有关车型的相关信息。Hargroves 和 Demetsky[198] 仅讨论了考虑不同车型的多校混载问题。Thangiah 和 Nygard[199] 在模型定义时考虑了不同车型,并且开发一个校车路径规划系统(GENROUTER)。该系统使用一个两阶段方法完成路径规划:第一阶段使用基因算法的基因选择将学生进行聚类,第二阶段利用局部搜索算子提升解的质量。

单校 SBRP 中,Ripplinger[148]以农村地区的 SBRP 问题为研究对象,指出多种车型进行校车服务的有效性,并提出一个两阶段启发式算法(RRH):首先使用扫描法生成问题初始解,然后使用禁忌表固定长度的禁忌算法提升解的质量。Ripplinger[148]以最小化学生总乘车时间为第一优化目标,在 40 个站点的人工测试案例上对比了节约法、基于位置的启发算法和 RRH 算法的优化性能。Ke[7]考虑总成本、总运营里程和学生步行距离等为优化目标的多车型 SBRP,创建车流、单商品流、二商品流和多商品流等问题模型。以加拿大温莎天主教学区作为案例数据(包含 4 种车型、20 个站点、135 名学生),使用商业软件 Xpress 分别求解 4 个问题模型,通过实验结果表明单商品流具有最佳的运算结果;除此之外,作者还在 ArcGIS 中进行案例数据管理和结果展示。

多校 SBRP 中,Kim 等[9]在给定路径段和车型的基础上,将每个路径段抽象成一个虚拟站点,把多个学校的调度问题转成带时间窗的车辆路径问题进行求解。作者以最小化车辆数为优化目标,首先考虑每个路径段时间窗固定的同一种车型子问题,将其转换为指派问题进行求解;然后考虑单一车型子问题,使用基于指派问题的分支定界方法求解;最后考虑多车型问题,并提出一种启发式算法进行求解。作者还针对多校调度问题提供了一组测试案例,案例的最大规模涉及 100 个学校、562 个路径段。Chen 等[200]针对同样的问题,建立基于车型的混合整型规划模型,使用 CPLEX 求解;同时还提出了一个模拟退火算法,实验结果验证了其算法的有效性。Kim 等[9]和 Chen 等[200]均是在单校路径已知的基础上,使用不同的车型完成校车的调度,在单校路径生成时并未考虑不同车型之间的容量和成本的差异。

对于多校混载 SBRP,Spada 等[5]、Thangiah 等[201]、De Souza 和 Siqueira[202]、Park 等[6]等都在研究中考虑多种车型的使用。

Spada 等[5]在给定校车数量的情况下,以最小化学生损失时间为优化目标,提出一个两阶段的启发算法:第一阶段将学校按开学时间升序排序,站点按到学校的距离降序排列,通过插入站点生成一些初始路径段,然后在此基础上进行路径合并得到问题的初始解；第二阶段则针对问题的初始解借助局部搜索算子、模拟退火和禁忌算法等进行改进。文中以瑞士两个学区为例进行了研究，其中一个案例中包含 4 种不同容量的车型。作者还求解了两个比较大的人工案例集，同时开发了一个交互式工具能够用于测试算法的性能。尽管案例研究中考虑了多种车型，但算法实现过程中，并未对如何适应多种车型进行说明。

Thangiah 等[201]以 Pennsylvania 农村学区为研究对象，考虑多场站、多车型、站点需求可拆分以及边依赖等约束条件，通过一系列步骤完成路径的规划。前期规划中，首先将车辆指定所属的场站，然后确定车辆与学校间的关系，最后把学生分配到各个乘车站点，同时考虑不同类型的学生乘坐特定类型车辆的约束。后期求解过程中，以学生为单位进行路径的调整和优化，并允许多辆车对一个站点进行服务，通过插入启发算法获得问题的初始解；在提升阶段使用 2-opt、学生移动、交换以及小车合并大车等多种策略提升解的质量。文中还对路径规划涉及的政策、经济指标等进行了讨论。

De Souza 和 Siqueira[202]为求解巴西巴拉纳州的 399 个城市的校车服务问题，以总运营里程最短为优化目标，提出一种自适应基于位置启发算法（Adaptive Location Based Heuristic，ALBH）完成路径生成。路径生成时，仅考虑不同车型间容量的不同，并不关注不同车型固定成本和可变成本之间的差异。首先以大车优先的原则进行车辆分配，等到路径生成之后，再根据校车的剩余容量调整合适的车型。

Park 等[6]针对多校混载问题，提出一个多阶段的求解算法：首先使用扫描法生成单个学校的路径，然后基于车辆调度生成多个学校不混载的路径，最后借助一个"后启发"算法尝试将路径合并成多校混载的路径方案。作者针对多校混载问题提供一组测试案例集，在案例中仅考虑了同车型；而后使用 7 个真实的学校案例进一步测试算法性能。尽管真实案例中作者考虑了多车型、多场站等约束，但其算法以最小化车辆数为优化目标，并没有考虑不同车型成本之间的差异。

2.4 本章小结

本章梳理了车辆路径问题、多车型车辆路径问题和校车路径问题的相关文献,涉及问题定义、分类以及求解,重点对其求解算法进行描述。总体而言,VRP 研究领域非常广泛,成果较多,算法向通用化方向发展。精确算法、启发式算法和各种各样的元启发算法在 VRP 及其变体中得到了应用,也涌现出一些求解一类 VRP 问题的通用算法框架。

SBRP 属于 VRP 的应用范畴,通常基于 VRP 及其各种变种的模型进行求解,取得了一定的进展。针对单校 SBRP,使用精确算法进行问题求解的规模不断扩大,目前求解案例的问题规模达到 125 个站点。禁忌算法、遗传算法、蚁群算法、模拟退火等元启发算法广泛应用到 SBRP 中。对于多校 SBRP 的研究,尤其是对多校混载问题的研究也取得了一定的进展,记录更新法、贪婪随机自适应算法已经应用到问题的求解中。然而,现有 SBRP 算法往往针对某一特定问题进行设计,然后使用实验案例或者人工案例验证其有效性,算法之间尚没有统一的横向比较以确定算法的优劣。VRP 领域提供了多种国际通用的基准测试案例,基本上能够很好地评价算法的优劣。在 SBRP 领域,仅有 Park 等[6]、Kim 等[9]和 Díaz-Parra 等[203]设计了混载 SBRP、校车调度和校车的基准测试案例,同时基于这些案例进行算法验证的文献较少。

实际校车运营车队通常是多种车型组合的,并且道路等级、学生站点分布情况和运营资金等都有可能要求使用不同类型的校车完成路径规划。因此,研究多车型 SBRP 更加符合实际应用的需求。尽管已经有文献研究多车型 SBRP 的模型和算法,但仍然存在以下不足:

(1) 现有多车型 SBRP 的研究较少,大部分文献并未考虑不同车型固定成本和可变成本的差异。

目前 SBRP 的研究集中在单车型上,仅有少量文献研究多车型 SBRP。部分多车型 SBRP 文献仅是在研究中讨论或者建立模型时考虑不同车型的限制,并没有在算法实现或案例中给出具体的说明[198,199]。

2 文献综述

Ripplinger[148]研究农村地区的单校多车型 SBRP,尽管在模型中给出了不同车型的固定成本和可变成本,但算法优化过程中以学生总乘坐时间作为优化目标。Spada 等[5]、Park 等[6]、Kim 等[9]以车辆数或总运营里程为优化目标,忽略了不同车型成本间的差异。

(2) 现有多车型 SBRP 的求解算法以构造启发式算法为主,优化性能有限;VRP 领域中广泛应用的元启发算法并未得到充分应用。

对于多车型 SBRP,精确算法[7]和简单禁忌算法[148]仅能求解小规模多车型 SBRP。而在多校多车型 SBRP 中,大部分文献使用构造启发式算法[201,202]或改进启发算法[6]进行求解,算法的优化性能有限;求解多车型 SBRP 较为成熟的元启发算法研究成果较少。

VRP 领域中,求解多车型车辆路径问题的元启发算法相对比较成熟[97],已经能够很好地完成各种多车型车辆路径问题的求解。然而,求解多车型车辆路径问题的主流元启发算法在多车型 SBRP 中仍未得到充分的应用。原因在于:多车型 SBRP 和多车型车辆路径在约束条件、优化目标上存在差异性,直接将多车型车辆路径成熟的算法应用到多车型 SBRP 中时仍需要进行修改。例如,当每种类型的校车有最大数量限制时,SBRP 的约束更紧,此时需要解决构造可行的初始解、设计启发策略等难题。而对于多校多车型 SBRP,尽管其问题模型与带时间窗的装卸一体化问题类似,但因其站点、学校之间的对应关系、边序关系等约束,直接基于模型求解仍有困难。因此,针对单校或多校多车型 SBRP,仍需要针对问题特征设计相应的元启发算法。

3 多车型 SBRP 元启发算法框架

SBRP 问题的一般求解流程由数据读入、初始解构造、解的改进和结果输出 4 部分组成。为了提高开发效率,本章设计一个能够适应单校和多校、单车型和多车型等多种 SBRP 问题求解的元启发算法框架,实现了从基础数据结构到基本元启发算法的重用。为此,本章首先对本文研究的 SBRP 问题进行定义,然后在分析 SBRP 求解算法的基础上,完成算法框架的设计和实现。

3.1 问题定义

校车路径问题主要研究在满足特定约束条件下,如何规划校车的运营路线,将学生从乘车站点送到学校或者将学生从学校送回乘车站点,并使一定的优化目标达到最优。SBRP 的研究中,通常假设车场、学生站点和学校等信息是已知的,而车场、学生站点和学校之间的距离或行驶时间可以通过地理信息系统软件确定。路径规划的重点则是合理地安排校车的行驶路线,在满足学生、学校和校车等多种约束下达到一定的优化目标。规划校车路径时要保证学生在指定的上学时间内到达学校,并且学生不能在校车上待太长的时间,每个学生必须有且仅有一辆校车提供服务。路径规划的结果是若干条校车运营的路径,每条路径是由一系列学生乘车站点和学校站点构成的一个站点序列。

实际校车路径规划时,校车服务公司通常都有一种以上的校车,在校车调度时需要针对不同的学生接送业务选择合适的配送车辆。不同类型校车的选择与学生、道路交通状况等因素密切相关。例如,有特殊需求的学生(比如残疾学生)要求必须搭乘特定类型的校车;不同类型的校车有装载容量、购置成本、单位油耗、行驶速度及数量资源的差异;另外,不同

3 多车型 SBRP 元启发算法框架

等级的道路有限车型、车速等方面的要求。因此,使用多种类型的校车组织学生的接送比单一车型运输要复杂很多,在规划中考虑多种类型的校车规划校车路径更加符合实际应用的需求。

本文重点研究有多种类型校车可用的校车路径规划问题,即多车型校车路径问题(HSBRP)。HSBRP 是 SBRP 的一个变体,与单车型 SBRP 不同之处在于每种类型的校车具有不同的容量、最大允许行驶时间、固定成本和可变成本等特征。HSBRP 更关注不同车型成本的差异,通常以总的运营成本为优化目标。

使用多种类型的校车进行路径规划时,校车运营方的规划需求和资金状况等会影响到最终的规划结果。针对尚无提供校车服务的某个学区,通过规划确定使用哪些类型的校车,即确定不同车型的组合。若是对现有校车资源进行重新配置,也就是在每种类型的校车数目已知的情况下确定最合适的路线。针对以上 2 种情况,将前者称为车型混合的多车型校车路径问题(Fleet Size and Mix School Bus Routing Problem,FSMSBRP),后者称为车辆数限制的多车型校车路径问题(Heterogeneous Fixed Fleet School Bus Routing Problem,HFSBRP)。从每种类型的校车车辆数是否限制角度来说,FSMSBRP 也称为车辆数不限制的多车型校车路径问题。由于校车可以是运营公司购置,也可以是学校租赁,所以是否考虑不同车型的固定成本会产生不同的优化目标。

校车服务的学校个数不同,也会影响到多车型校车路径的规划。根据校车服务学校个数的不同,校车运营服务可以分为单校运营和多校运营 2 种。若允许多个学校的学生搭乘同一辆校车,则为多校混载问题;否则为多校不混载(多校调度)问题。3 种运营模式下校车的路径构成如图 3-1 所示。

由图 3-1 可知,单校、多校不混载和多校混载 3 种运营模式下校车服务学校的数量和顺序不同,一条校车运营的路径上学生站点、学校站点的构成及其顺序也不同。多校运营比单校运营拥有更多的约束,比如要求学生必须在特定的学校时间窗内到达学校、站点必须在其对应学校的前面等。

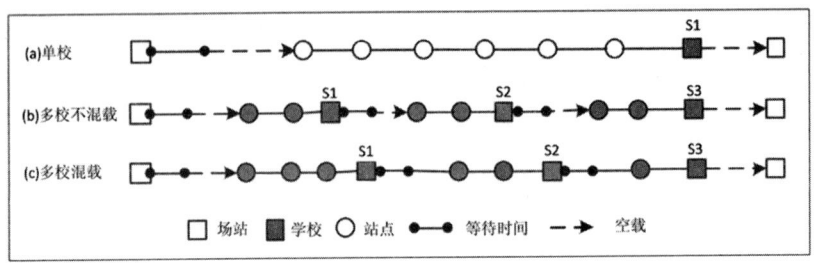

图 3-1　3 种运营模式下的校车路径

为不同学校规划路径时,问题关注的优化目标也不同。针对单个学校进行路径规划时,每个乘车站点并没有明确的时间窗,仅是限定了学生的最大乘车时间,所以其优化目标中不考虑时间的度量,更多的则是考虑不同车型的固定成本和可变成本的优化。在对多个学校进行规划时,要求学生必须在其目标学校要求的时间窗内到达学校,这等价于在每个乘车站点限定最早出发时间和最晚出发时间。在带时间窗约束的多车型车辆路径问题中,通常使用车型的固定成本附加总行驶距离(时间)来衡量其成本。

此外,图 3-1 中假定校车从场站出发,服务完所有乘车站点之后再回到场站,此时校车运营的线路是封闭的。有些情况下,校车可能从校车司机的居住地出发直接停靠到第一个乘车站点,或者是校车从场站出发服务完之后停到学校,这种情况下校车行驶路线是开放回路。

基于以上分析,定义本文研究的多车型校车路径问题的范畴:允许校车行驶路线开放或闭合的单校、多校的多车型 SBRP,且支持多种不同的优化目标。

3.2 SBRP 求解算法分析

SBRP 的求解算法分为精确算法、启发式算法和元启发算法 3 类。精确算法仅能求解小规模的案例,对于中大规模的案例要借助启发式算法或元启发算法进行求解。启发式算法通常用来构造问题初始解,然后再使用元启发算法进行求解。由于 SBRP 属于 NP-hard 难题,通常借助元启发算法进行求解。

根据算法搜索过程中维持解的个数,元启发算法分为单解元启发(Single-Solution Metaheuristics)和种群元启发(Population Metaheuristics)2类。单解元启发算法是一组搜索过程中维持单个解的元启发算法的统称,又称为邻域搜索元启发法或轨迹法。它从一个初始解出发,每个迭代过程中先从其邻域中生成若干个候选解,然后对邻域解评估以确定是否接受此新的候选解,循环执行此过程直到满足停止条件。典型的算法包括禁忌算法、迭代局部搜索算法、变邻域搜索算法、大规模邻域搜索算法、贪婪随机自适应算法、模拟退火算法及其确定性变体等。种群元启发算法是一类通过模拟自然界生物的进化、觅食或者哺育幼虫的优化算法。种群类元启发算法又叫智能优化算法,它在搜索过程中维持一组解。典型的算法包括遗传算法、蚁群算法、粒子群算法、蜂群算法和鱼群算法等。

单解元启发算法和种群元启发算法都是求解 NP-hard 问题的有效手段,广泛地应用在组合优化领域[43]。VRP 领域中出现了一些求解多种 VRP 问题的元启发算法框架,使用单解元启发的有统一禁忌搜索算法[85,86]、自适应大规模邻域搜索算法[68]、迭代局部搜索算法[87,88]等,使用种群元启发的有统一基因算法[90]等。

与种群元启发算法相比,单解元启发算法中解的表达形式简单,无须进行过多的转换,更加易于实现。此外,单解元启发算法参数较少,易于结合多种策略优化算法性能。因此,本文选择单解元启发算法作为多车型 SBRP 问题的求解算法,首先开发邻域搜索元启发算法框架,然后基于算法框架设计问题的求解算法。

3.3 算法框架设计需求

框架(framework)通常被定义为一个给定的问题领域内整个或部分系统的可重用设计,表现为一组抽象组件及组件实例间的交互方法[204,205]。设计一个通用性强、灵活性好的算法框架,必须从算法实现和框架设计两个角度进行考虑。

(1) 从算法实现的角度而言,算法框架应该遵循有效性、简单性和灵活性的原则[206]。有效性指基于框架设计的启发算法能够成功地求解指定的问题,有效性包含算法优化质量和效率两部分,既能保证求解的质量,算法的执行速度又较快。简单性指算法应该易于理解和实现,并且不包含太多的参数。算法框架简单性即要求框架内实现的算法应该是求解某类问题较为成熟的算法。灵活性是指算法的适应性,即算法能够通过少量的参数、条件的配置适应其他问题的求解,算法框架应该能够为开发人员提供足够高的灵活性,通过使用框架内的启发方法开发求解其他问题的相关应用。

(2) 从框架设计的角度而言,算法框架应该具备可重用性和可扩展性等特点。可重用性即对已有的设计实现尽可能的重复使用,而不是重新设计。根据重用级别的不同,重用可以分为代码重用、模块重用和架构重用。代码重用要求架构设计需要将问题进行分解,尽可能抽取公共的部分,分层分级进行实现;模块重用要求合理设计模块的输入输出,模块功能尽可能地单纯独立;架构重用则是更高层级的重用,能够利用架构快速地完成某一个领域的应用开发。可扩展性是要求框架能够允许开发人员根据实际需求来扩展框架,定制客户化的功能。

3.4 算法框架设计

根据算法框架设计的需求,设计基于邻域搜索元启发 SBRP 算法框架(如图 3-2 所示)。算法框架分为基础数据结构、基本函数、基本算法、启发策略和元启发算法 5 部分。其中,基础数据结构包含描述 SBRP 问题的解、路径、站点、车辆、车型等基本数据结构和全局变量等;基本函数提供 SBRP 问题求解所需要的基本函数,例如数据读写、站点操作、约束检测以及邻域构造等多种操作函数;基本算法由初始解构造算法库和局部搜索算法库 2 部分组成,提供 SBRP 问题初始解构造和改进解的局部提升算子;启发策略则是引导算法执行的策略,包含扰动、车型调整、邻域解接受和搜索等多种策略;元启发算法以邻域搜索类算法为主,在 SBRP

3 多车型 SBRP 元启发算法框架

算法框架的基础上支持常见的元启发算法的开发。

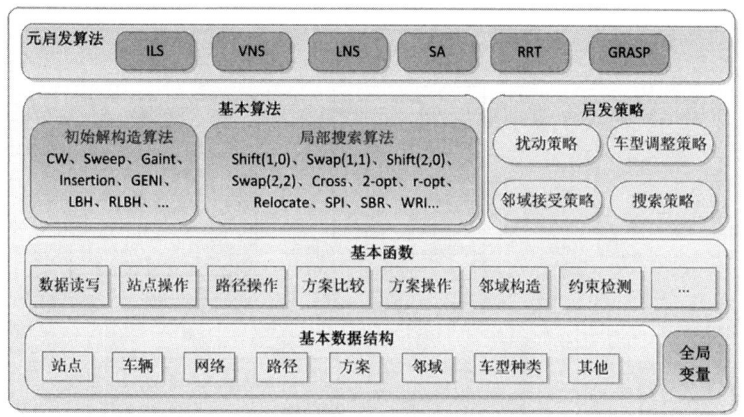

图 3-2　SBRP 元启发算法框架结构

3.4.1 基本数据结构

由于算法框架支持单车型或多车型、路线开放或闭合、单校或多校等多种 SBRP 问题的求解,因此必须要先解决不同问题的数据结构、约束以及目标函数的统一表达[206]。针对求解问题的类型,将求解问题统一定义为多车型多校混载 SBRP 问题,通过缩减车型数量、学校数量或增加不混载、线路开放等约束,将问题简化为所求解的 SBRP 问题。

针对 SBRP 问题,解统一表达为"解、路径、站点"的形式,其中解是一组路径的集合,每条路径都是站点的集合。每个站点有其位置、需求、时间窗等信息,每条路径上则含使用车型、校车容量、总路径长度、总行驶时间、总成本等描述信息,根据路径信息可以得到解的目标值。采用面向对象技术设计基本数据结构,包括 Node、SchoolNode、TourNode、Tour、HSBRP、NodeType 和 FleetType 等,其类图如图 3-3 所示。基本数据结构简单描述如下:

(1) Node 类:描述站点的基本信息,主要包括站点的编号、坐标、需求量、对应学校的 ID、开始服务时间和结束服务时间、校车在该站点的服务时间以及站点的类型等。Node 类是所有站点的基类,它与具体求解 SBRP 的问题无关。

（2）NodeType 结构：表示站点的类型。NodeType 是枚举类型的数据结构，包含场站、乘车站点和学校 3 种类型。

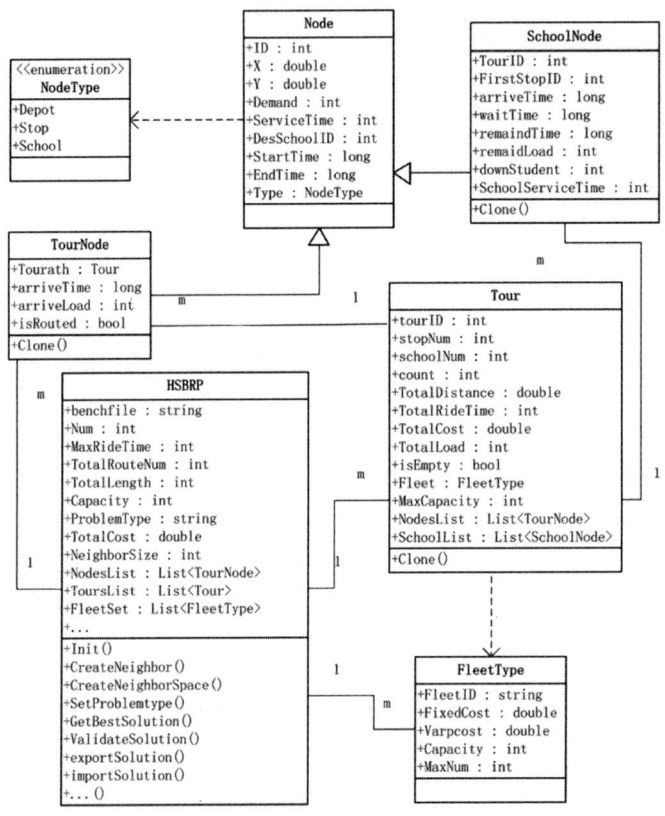

图 3-3　基本数据结构的类图

（3）SchoolNode 类：描述学校站点的信息，主要包括学校所在路径的编号、到达该学校的第一个站点编号、到达学校站点的时间、等待时间、剩余时间、剩余容量、在该学校下车的学生数、该学校站点的服务时间以及到达该学校的站点数目等。SchoolNode 类从 Node 类继承。

（4）TourNode 类：描述在一条路径上的站点信息，包括该站点所在的路径、邻域节点集合、校车到达该站点的时间、到达该站点时校车上的人数以及该站点是否在某条路径上等。TourNode 类也从 Node 类继承，它能够描述一条路径上的任何一个站点，包括场站和学校。

（5）Tour 类：描述一条路径，需要记录路径编号、路径上所有的节点集合、学校集合、该条路径上的站点数、学校数、负载、使用的车型、车型的最大容量、是否为空路径，以及与该条路径相关的行驶距离、时间和成本等信息。

（6）HSBRP 类：描述问题的解决方案及其求解设计，主要包括求解案例名称、问题规模、路径集合、总成本、总行驶距离、总行驶时间等属性，还提供初始化、更新最优解、解的导入和导出等操作。

（7）FleetType 结构：描述每种车型的容量、固定成本、单位可变成本和最大数量。

除了以上核心数据结构类，基本数据结构还包含点邻域、邻接路径、路径段、点或边移动评估类以及各种算法实现过程中的评估等信息的轻量级结构。表 3-1 给出了框架内定义的其他常用的简单数据结构及实现 IComparer<T>泛型接口比较的结构。

表 3-1 常用的简单数据结构及其比较结构

结构名称	功能描述
NeighborElement	描述站点的邻域内的点，包含邻接元素 ID 和两个站点之间的距离
NeighborSpace	描述适合多校问题的邻接点信息，包括站点、学校能够插入或者交换的对应站点信息及所在路径编号
RouteSegment	描述适合单校问题的路径段信息，包括路径开始节点、结束节点、距离、负载、行驶时间、站点数等信息
SavingElement	描述两个站点之间的节约值
SweepNode	描述节点与极点之间的夹角和半径信息
RelatedElement	描述两个节点间的相关度信息，包括节点 i、j 及其相关度的值
NodeInsertCost	描述在路径中插入一个节点的信息，包括节点 ID、插入路径 ID、插入边的起点和终点以及插入成本等
RemoveElement	描述移除一个节点的信息，包括节点 ID 及移除成本
ParamEvaluation	描述算法参数的取值及其评分信息，包括参数值、使用次数、分数、选择概率、最小值与平均值的比例
NeighborCompare	提供 NeighborElement 对象邻接距离的比较方法
SavingElementCompare	提供按节约值降序排列的方法
SweepNodeCompare	提供按夹角降序排列的方法
RelatedElementCompare	提供按相关度进行比较的方法
RemoveElementCompare	提供按移除元素成本进行比较的方法

续表

结构名称	功能描述
TourCompare	提供按路径上节点个数、使用车型容量等进行比较的方法
FleetTypeCompare	提供按车型容量进行比较的方法
ParamEvaluationCompare	提供按选择概率、分数等进行比较的方法

3.4.2 基础操作

基础操作是提供问题求解所必需的数据读写、约束检测、站点和路径操作等主要函数。

(1) 读写操作：读写操作主要实现案例文件的读取、程序执行过程中路径信息的输出、问题解的读入和输出操作。读写函数能够处理标准 TSPLib95 格式中的属性及其读写，对于用户新增加的属性则需要修改读写函数才能完成数据处理。如果是自定义格式，需要先将其转换为 TSPLib95 格式之后，框架才能进行数据读取。表 3-2 列出了常用的读写方法。

表 3-2 常用的读写方法

方法	功能描述
Read Bench mark File (string filename)	读取案例文件的 TSPLib 格式的信息
Show Route (Tour t)	输出一条路径的信息
Show Routes ()	输出所有路径的信息
Read Sol (string filename)	从文件中读取指定格式的解信息
Write Sol (string filename)	输出解到文件，根据当前问题求解的类型输出特定问题类型对应的解信息
Write Middle Info (string filename)	输出程序执行过程的中间信息到文件
Write Summary (string filename)	输出当前优化结果到文件

(2) 约束检测：约束检测就是检测所有路径是否满足容量、最大乘车时间以及与问题自身相关的约束条件（比如车辆数、是否混载等）。表 3-3 列出了框架中提供的约束检测方法。

3 多车型 SBRP 元启发算法框架

表 3-3 常用的约束检测方法

方　　法	功能描述
Check Routes()	检测所有路径是否合法
Check Route(Tour t)	检测路径 t 是否满足容量和最大乘车时间约束
Check Route(Tour t, out string flag)	检测路径 t 是否合法及非法原因
Check Load(Tour t, int capacity)	检测路径 t 上每个检测点是否满足容量约束
Check NotMix(Tour t, int u, int i)	检测将 u 插入到路径 t 上的 i 之后是否满足不混载的要求
Check Fleet Num()	检测每种车型的车辆数是否满足约束
Check Solution(List⟨string⟩ buffer)	检测导入的解是否合法

（3）站点和路径操作：局部搜索过程中，对于点或边相关的操作，要考虑站点的插入、移除、交换、路径段获取等操作，与此同时还要考虑与点、边相关的各种判断方法。针对路径，提供路径的合并和逆序等操作。表 3-4 列出了常用的站点和路径操作方法。

表 3-4 常用的站点和路径操作方法

方　　法	功能描述
Insert Node(int u, int i, Insert Type type)	根据插入类型 type 确定将 u 插入到 i 的前面或后面
Insert Node(int u, Tour t, int i)	将站点 u 插入到路径 t 的站点 i 的后面
Insert Node(int u, int len, Tour t, int i)	将从站点 u 开始长度为 len 的连续站点移动到路径 t 的站点 i 之后
Move Node(Tour t, int u, int i)	在同一条路径 t 上将站点 u 移动到 i 的后面
Remove Node(Tour t, int u)	从路径 t 上移除站点 u
Swap Node(Tour t, int u, Tour h, int i)	将路径 t 的站点 u 和路径 h 上的站点 i 进行交换
Get Route Segment(int a, int b, Tour t)	获得路径 t 上下标 a 到下标 b 之间的一段连续的点
Get School Node(Tour t, int des)	根据站点编号 des 获取路径 t 上对应的学校
Merge Route(Tour i, Tour j, bool flag)	将路径 j 合并到路径 i 的后边，并将结果保存在路径 i 中。flag 值为 true 时合并前路径 j 需要逆序
Reverse Route(Tour t)	逆序路径 t 内的站点（不包含场站和学校）

3.4.3 初始解构造算法组件

根据 SBRP 求解的问题类型,初始解构造算法组件实现了适合单车型、多车型以及单校和多校初始解构造的基本启发式算法。初始解构造算法包括节约法、扫描法、大旅程法、贪婪随机构造法、插入法和基于位置的启发法(LBH)等相关算法,其基本思想如下:

(1) 节约法:标准的节约法(Clarke-Wright,CW)是由 Clarke 和 Wright[51]提出的使用非常广泛的一种构造启发算法。它首先构造每条路径上仅包含一个节点的路径集合;然后按照两条节点合并节约值的大小顺序,合并满足条件的路径。Golden 等[19]还提出了组合节约法(CS)、乐观节约法(OOS)、机会节约法(ROS)和 ROS-r 节约法 4 种 CW 的变体算法。这些节约法的区别在于路径节点合并时节约值计算方式有所不同。

(2) 扫描法[52]:扫描法即 Sweep 算法,它以中心点为原点,以扇形扫描的方式将四周的点按照夹角的大小依次加入到路径中。若加入到路径的点形成不合法路径,则开辟一条新路径。等到所有路径形成之后,再对每条路径进行优化。

(3) 大旅程法[185]:首先构成一条类似旅行商问题(TSP)解的包含所有节点的大旅程,然后按照问题约束等将大旅程划分成若干条路径。大旅程构造过程使用广义插入算法(GENI)。GENI 是一种将路径外一点插入到路径中的任意两点之间的内部路径优化算法。GENI 包括顺时针和逆时针 2 种点插入方式,借助路径内点的 p 邻域对路径进行内部优化。

(4) 贪婪随机构造法:使用贪婪随机自适应过程中的初始解构造方法,从一个空解开始,使用贪婪评估函数评估候选列表元素的组成,然后从候选列表中随机贪婪地选择元素插入解,直到形成问题的初始解。

(5) 插入法:先构造局部线路,然后再针对未访问的站点按照某种插入规则完成点的插入。插入法包括常用的最邻近插入、最远插入、最廉价插入等插入算法[50]。除此之外,还包括基于站点容量降序排列的插入算法、提供站点并行或串行方式的插入算法。

（6）LBH 法[207]：将车辆路径问题转换成约束集中器选址问题，通过解决 Location 问题得到解之后再将解转化成车辆路径问题的解。LBH 算法的关键是挑选种子集合以及将其他站点与种子集合进行连接。Braca 等[147]提出了求解混载校车路径问题随机基于位置的启发算法（RLBH）。RLBH 算法中，每次随机选择一个站点及其目的学校的站点对。De Souza 和 Siqueira[202]提出了基于路径长度自适应调整的 LBH 算法（ALBH）。

基于每种初始解构造算法的思想，设计 SavingAlg 类、SweepAlg 类、InsertAlg 类、GENI 类、GRASP 类和 LBH 类等多种算法组件，提供的初始解构造方法如表 3-5 所示。

表 3-5 初始解构造算法组件中提供的初始解构造方法

初始解构造方法	功能描述
Getsol BySavings（HSBRP V, double d，Saving Type type）	Saving Alg 类提供的以节约法为主的初始解构造算法，Saving Type 取值为 CW、CS、OOS、ROS、ROS-r
Get Sol By Sweep（HSBRP V）	Sweep Alg 类提供的初始解构造算法
Get Sol By Gaint（HSBRP V, int p）	GENI 类提供的基于 GENI 方式的大旅程构造方法，p 表示参数，一般取值为 2~5
Get Sol By GRASP（HSBRP V，double a，string type）	GRASP 类提供的贪婪随机构造方法。其中 a 为阈值参数；type 表示候选列表元素确定标准，可以是距离或成本
Get Sol By Insertion Demand（HSBRP V）	Insert Alg 类提供的基于站点容量的廉价插入构造方法
Get Sol By Insertion（HSBRP V，Insertion Type type）	Insert Alg 类提供的各种插入构造方法，其中 type 表示插入类型；Insertion Type 取值为最近插入、最远插入、廉价插入等
Get Sol By Strategy（HSBRP V，Insert Strategy strategy）	Insert Alg 类提供的针对多车型的插入构造方法，其中 Strategy 表示串行或并行插入
Get Sol ByLBH（HSBRP V，string type）	LBH 类提供的多车型问题初始解构造方法，type 表示具体算法类型 RLBH 或 ALBH

3.4.4 局部搜索算法组件

局部搜索启发算法在初始解的基础上，通过点、边的移动或交换不断地提升问题解,直到找到局部最优解[43]。局部搜索启发算法也可称为邻域操作算子。VRP中定义了许多邻域操作算子,基本是针对点移动或边调整来完成的。鉴于求解问题的类型,将邻域操作算子分为点边调整邻域操作算子和点对调整邻域算子两类。并且,在VRP相应邻域算子的基础上进行修改,使其能够适应SBRP问题的求解。

(1) 点边调整邻域算子

点边调整邻域算子包括路径间操作算子和路径内操作算子。路径间操作算子在两条不同的路径之间完成点或边的调整,通过合适的点边调整能够减少路径数。框架内设计的路径间操作算子包括移动、交换和Cross 3类。

① 移动类操作算子:主要实现路径间点或边的移动。Shift(1,0)在两条不同的路径之间,执行一条路径上的点移动到另外一条路径上的操作;Shift(2,0)将一条路径上的一条边(或者两个相邻的点)移动到另外一条路径上。要求移动的边中不能包含场站或学校,同时移动的点也不能是场站或学校。

② 交换类操作算子:包含两条路径间的两点交换、点边交换和边边交换3种。Swap(1,1)选择两条不同路径上的两点进行交换;Swap(2,1)在一条路径上选择一点与另外一条路径上的一条边进行交换;Swap(2,2)在一条路径上选择一个边与另外一条路径上的一条边进行交换。要求交换的点不能是场站或学校,同时边中也不能包含场站或学校。

③ Cross类操作算子:通过移除边或增加边在两条路径间实现路径段的交叉。Cross算子从两条路径上分别移除一条边,然后再增加两条新边实现路径段间的交叉操作。CrossExchange算子则是从两条路径上分别选择两条边,然后将两边中间的部分进行交换得到两条新的路径。要求移除的两条边中最多包含一个场站或者学校站点。

路径间点边操作算子的操作如图3-4所示。

3 多车型 SBRP 元启发算法框架

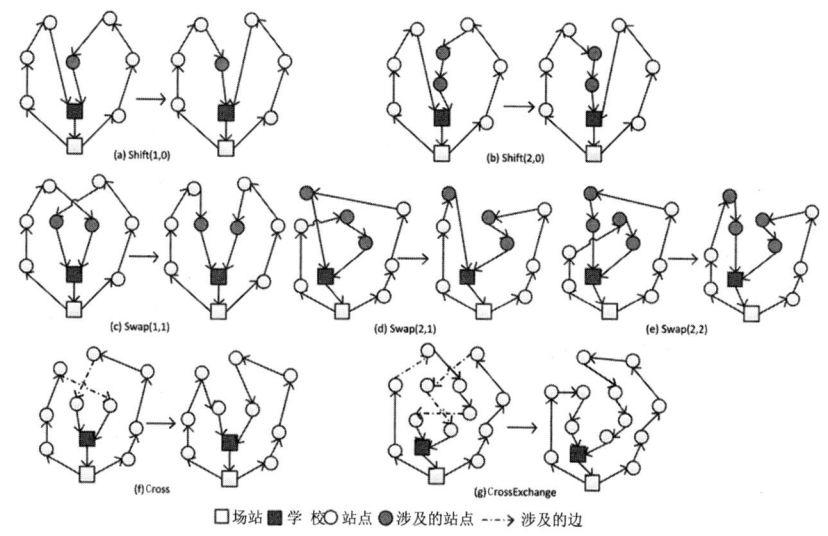

□场站 ■学 校 ○站点 ● 涉及的站点 ---→ 涉及的边

图 3-4 路径间操作算子的操作

路径内操作算子是在同一条路径内对点、边的顺序进行调整,主要用于缩减路径长度。路径内操作算子共有 6 个,包括:

① 重定位(Relocate)算子:将路径上某个节点移除,而后在同一条路径上寻找其合适的插入位置。

② Exchange 算子:实现在同一条路径内完成两个点位置的交换。

③ Three point move 算子:在同一条路径内完成一个点与其不相邻的边的交换。

④ Or-opt 算子:实现路径段在节点间定位,即从一条路径上某个节点 a 开始选择长度为 len 的一组连续节点,将其插入到同一条路径上某两个节点之间,通常 $len \in [2,4]$。

⑤ 2-opt 算子:实现同一条路径内移除两条边,然后再增加两条边的操作。具体要求:将路径内的两条不相邻的边移除,然后将两条边之间的节点序列逆序,而后增加两条边形成一条新路径。

⑥ 路径逆序(Route reverse)算子:将整条路径内除场站和学校外的节点直接逆序。此操作仅适合开放路径的情况。

以上操作均要求点或边中不能包含场站或学校。路径内操作算子的操作如图 3-5 所示。

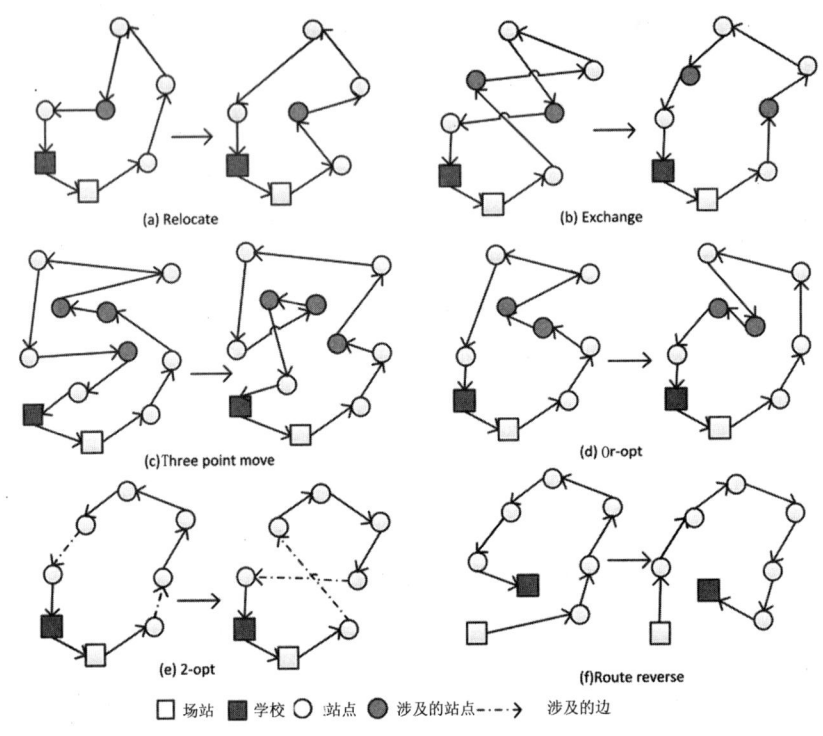

图 3-5　路径内操作算子的操作

根据以上邻域操作算子的功能描述,设计了 7 个邻域操作算法组件实现 13 种邻域操作。OnePointMove 类实现 Shift(1,0)和 Relocate 2 种邻域操作;TwoPointMove 类实现 Shift(2,0)、Swap(1,1)和 Exchange 3 种邻域操作;ThreePointMove 类实现 Swap(2,1)和路径内 ThreePointMove 2 种领域操作;TwoOpt 类实现 2-opt 和 RouteReverse 2 种邻域操作;TwoEdgeSwap 类实现 Swap(2,2)邻域操作;OrOpt 类实现路径内 Or-opt 邻域操作;StringCross 类实现 Cross 和 CrossExchange 2 种邻域操作。

(2) 点对调整邻域算子

点对调整邻域算子包括单点对插入(SPI)、路径间点对交换(SBR)和路径内插入(WRI)3 种操作[10,208]。这 3 个点对调整的邻域算子分别由 PDShift、PDRelocate 和 PDSwap 类实现。单点对插入(SPI)实现将一条路径上一个站点学校对插入到另外一条路径上的操作;路径间点对交换(SBR)完成两条路径上站点学校对的互换;路径内插入(WRI)则是在同一条路径上改变站点及其对应学校的位置。SPI 能够缩减路径数；SBR 和 WRI 虽然不能缩减路径数，但能够改变站点对的位置，有助于缩减路径数目和路径长度[10]。3 种算子的操作如图 3-6 所示。

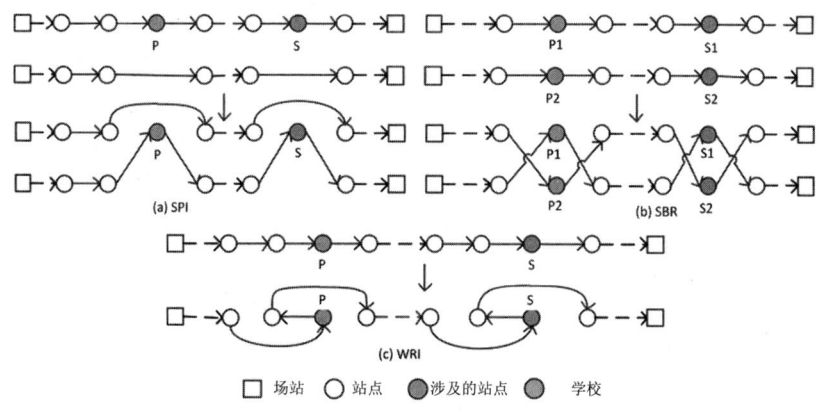

图 3-6　点对调整邻域算子的操作

3.4.5 启发策略

为提高算法求解性能，在框架内设计扰动、车型调整、邻域解接受和搜索等几种启发策略。扰动策略对当前局部最优解进行扰动，避免元启发算法过早地陷入局部最优；车型调整策略主要针对多车型问题，在邻域解搜索过程中更改路径上的车型信息；邻域解接受策略能够引导算法搜索的轨迹，保证算法的集中性和多样性；搜索策略是在搜索过程中指定点或边的搜索规则。

（1）扰动策略

框架设计了多点移动、交换、路径段交叉等多种常规扰动策略，同时还设计了基于抛射链（ejection chain）和破坏重建（ruin-and-recreate）[209]的扰动策略。框架内提供的扰动策略如表 3-6 所示。

表 3-6　框架提供的扰动策略

扰动策略	功能描述
Multiple Shift(int trail, int num, bool change)	将多个节点移动到其他路径上
Multiple Swap(int trail, int num, bool change)	实现多个节点在路径内或路径间的交换
Cross Perturb (int trail)	随机选择两条路径将其进行路径交叉
Route Segment Cross (int trail, bool change)	移除两条路径上的四条边,实现路径段的交叉
Related Perturb (int num)	基于站点相关度实现多个节点的扰动
Osman Perturb (int num, double alpha)	使用 Osman 和 Salhi[106]节约法进行扰动
Ejection Chain (int trails, int level)	使用抛射链方法在 level 条路径间完成节点移动
Ruin Recreate Perturb (int trails, double p, string deltype, string insert Type)	使用 Ruin-and-Recreate 方法实现若干个点的破坏再重建过程

① 常规扰动:多点移动、交换以及路径段交叉等操作通常借助路径间点边调整算子来实现;基于相关度扰动是定义站点之间的容量与距离的相关关系,按照相关度降序排列后再随机选择多个节点改变其位置;Osman 扰动则是按照文献 106 提出的带参数的节约规则随机选择一组节约值大的节点改变其位置。

② 抛射链扰动:在多条路径间通过点的循环移动对多条路径进行扰动。抛射链是一种可变深度搜索方法(Variable Depth Search,VDS),最初用于求解旅行商问题。抛射链在多条路径之间完成一连串节点的移动,在较大的邻域内对解进行深度搜索。抛射链由 k 个插入过程组成,其中 k 是抛射链的深度(level),即表示站点插入操作涉及的路径数。每次从路径 1 上将一个点到移到其后继路径 2 上,然后再将路径 2 上的一个点移动到路径 3 上,依次类推,直到路径 $k-1$ 上的一个点移动到路径 k 上,最后再将路径 k 上的一个点移动到路径 1 上。图 3-7 给出了 4-level 抛射链策略的运行示意。

3 多车型 SBRP 元启发算法框架

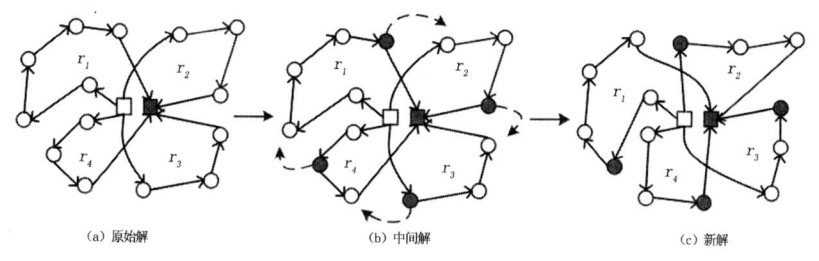

(a) 原始解　　　　　(b) 中间解　　　　　(c) 新解

□ 场站　■ 学校　○ 站点　● 涉及的站点　--→ 点移动的方向

图 3-7　4-level 抛射链操作示意

③ 破坏重建扰动：在整个解的范围内破坏一定数量的解，而后再对解进行重建。破坏重建与抛射链一样均能够通过点的移动扩大邻域，但是破坏重建不是路径间单个点的移动，而是针对整个解进行若干个点的移动。破坏重建实现时首先选择一定数目的节点，将其从当前解中移除得到问题的部分解，然后再将移除的节点重新插入到部分解中得到一个可行解。

一个解的破坏和重建过程如图 3-8 所示。图 a 是包含 9 个站点的一个单校 SBRP 的解。首先，选择 4 个节点进行破坏后得到部分解（图 b）；在重建过程中将移除的节点插入到部分解中得到一个新的解（图 c）。从图 3-8 中可以看出新解的结构与原始解发生了变化，破坏重建过程对解起到了扰动作用。

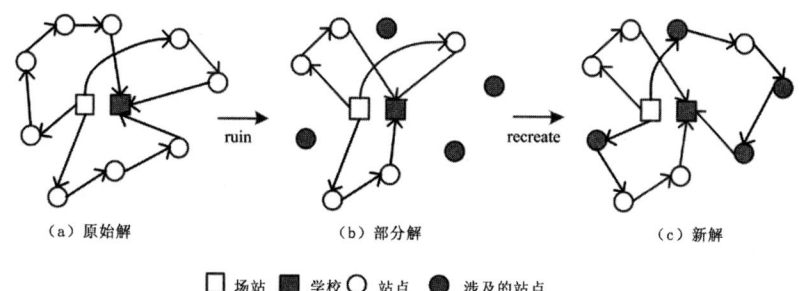

(a) 原始解　　　　　(b) 部分解　　　　　(c) 新解

□ 场站　■ 学校　○ 站点　● 涉及的站点

图 3-8　Ruin-and-Recreate 操作示意

破坏重建扰动方法中，破坏和重建方法的选择会影响到扰动后解的质量[210]。框架内设计了多种破坏方法和重建方法，具体功能描述如表 3-7 所示。

表 3-7　Ruin-and-Recreate 提供的破坏和重建类型

破坏和重建类型	功能描述
随机破坏（Random Destroy）	随机破坏一些点
最差破坏（Worst Destroy）	根据移除节点时减少的成本进行降序排列，然后在指定的范围内寻找造成解变差的若干个点进行移除
相关度破坏（Related Destroy）	选择距离和容量之间的相关度高的点进行破坏，站点 i 和 j 之间的相关度定义为 $a * \dfrac{d_{ij}}{d_{max}} + b * \dfrac{\lvert q_i - q_j \rvert}{q_{max}}$，其中 d_{max} 和 q_{max} 分别表示任意站点之间的最远距离和最大容量差，a 和 b 为系数
随机邻域破坏（Random Neighbor Destroy）	随机选择一个点，然后在该点大小为 $\min\{2 * num, N\}$ 的邻域内选择 num 个点进行删除（N 为问题规模）
目标路径破坏（Target Route Destroy）	破坏满载率最小路径上的节点及其邻域内的点
基本贪婪插入（Basic Greedy Insertion）	寻找插入成本最小的位置进行插入
Regret 贪婪插入（Regret Greedy Insertion）	使用 Potvin 和 Rousseau[211] 提出的 Regret-k 规则插入，k 取值为 2~4

（2）车型调整策略

多车型 SBRP 中，合适的车型调整能够较快地降低一条路径上的总成本。车型调整仅对合法路径或者除容量约束外满足其他约束的路径进行车型调整。单校问题中车型调整考虑整条路径的实际负载和车型容量，多校问题中则要考虑到达学校的每个路径段的实际负载与车型容量的关系。

假设路径 r_1 当前的车型为 k，实际载重为 Q，车型容量为 Q_k，该路径上的成本为 C_r^k，并且按车型容量从小到大排列的车型集合 $M = \{1, 2, \cdots, m\}$。车型调整策略定义为：

① 当 $Q = Q_k$ 时，不进行车型调整。

② 当 $Q < Q_k$ 时，尝试将车型调小。若 k 已经是最小车型（即 $k=1$），不予调整；否则，寻找 $\min\{C_r^k - C_r^l\}$ 对应的车型 l，此时 $l \in \{1, 2, \cdots, k\}$。

③ 当 $Q > Q_k$ 时，表示路径 r_1 违反容量约束，尝试调大车型。若 k 已

经是最大车型(即 $k=m$),不予调整;否则,寻找 $\min\{C_r^l - C_r^k\}$ 对应的车型 l,此时 $l \in \{k, k+1, \cdots, m\}$。

每次对路径上的车型调整后,仍需判定路径的合法性、车型调整引起的成本变化是否满足接受规则以及每种车型车辆数的限制等约束。

(3) 邻域解接受策略

邻域解接受策略能够通过定义的策略决定是否接受邻域解,它能使算法沿着目标值下降的方向进行搜索。成本是 SBRP 优化的主要目标,与成本密切相关的有车辆数、总路径长度和总成本等。针对不同 SBRP 问题的优化目标,设计了 4 种邻域解接受策略。

① 缩减路径数目策略(MNS):适合以车辆数为第一优化目标的 SBRP 问题。MNS 策略使用一种基于字典序的评价机制,包括路径数、路径上节点的平方和以及路径上附加的成本(如距离、行驶时间等)。MSN 的定义如式 3-1。

$$Eval(S) = \alpha |S| + \beta(-\sum_{r \in S} |r|^2) + \gamma c(r) \tag{3-1}$$

式中,$|S|$ 表示路径解 S 包含的路径数,$|r|$ 为其中一条路径上站点的数量,$c(r)$ 表示路径的成本,系数 $\alpha \geqslant \beta \geqslant \gamma$ 表示按照字典序依次进行评价。$\sum_{r \in S} |r|^2$ 增大意味着解决方案中存在某些路径正向服务更多站点的方向发展,有利于路径的合并从而减少路径数[10,212]。

② 提高车辆满载率策略(VUS):倾向于接受车辆满载率提高的邻域解。以参与邻域操作的两条路径 r_1 和 r_2 为例,VUS 定义如式 3-2。

$$Eval(S) = \min\{|Q_m - D_m|, |Q_n - D_n|\} - \min\{|Q_k - D_k|, |Q_l - D_l|\} \tag{3-2}$$

式中,r_1 和 r_2 进行邻域操作前的车型分别为 k 和 l,对应的车型容量分别为 Q_k 和 Q_l,实际载重容量分别为 D_k 和 D_l;进行邻域操作后的车型分别为 m 和 n,对应的车型容量分别为 Q_m 和 Q_n,实际载重容量分别为 D_m 和 D_n。应用于单车型 SBRP 时,$Q_k = Q_l = Q_m = Q_n (k = l = m = n)$。若 $Eval(S) < 0$,表示操作后有一条路径上车辆的满载率提高,此时接受此邻域解;若 $Eval(Ss) = 0$,表示满载率没有变化,此时仅接受目标值

降低的操作;当不满足以上条件时,不接受此邻域解。

优化过程中尽可能地提高每条路径上的车辆满载率,不仅有助于缩减路径数目,而且有助于降低总成本。在多车型 SBRP 优化过程中,若仅考虑减少路径数可能会导致倾向于使用较大的车型,造成路径总成本的增加,此时提高车辆满载率比缩减路径数更加有效。

③ 基于偏差系数接受策略:采用记录更新法(RRT)的接受策略。RRT 算法是 Dueck[60] 提出的一种 SA 算法的变体。RRT 使用 record 记录当前最优解对应的值,定义偏差系数 dev 决定允许新解与当前解的偏差程度。当新解优于 record 时,更新 record 的值;否则,接受与 record 在一定偏差范围的解。其定义如式 3-3。

$$S^* = \begin{cases} R^*, f(R^*) < record \\ R^*, f(R^*) < (1+dev) \times record, dev \in (0,1] \end{cases} \quad (3-3)$$

式中,S^* 为当前最好解,record 为 S^* 对应的目标值,R^* 是一次迭代完成时发现的局部最好解,$f(R^*)$ 代表 R^* 的目标值,dev 为偏差系数。当 R^* 优于 S^* 时,接受 R^*,并且将 record 更新为 $f(R^*)$;否则,仅当 $f(R^*)$ 相对于 record 在一个允许偏差范围时接受 R^*。

④ 模拟退火概率接受策略:使用模拟退火算法[58]的概率接受规则。其具体定义如式 3-4。

$$S_b = \begin{cases} S_l, f(S_l) < f(S_b) \\ S_l, e^{[-(f(S_l)-f(S_b))/T]} > p, p \in (0,1) \end{cases} \quad (3-4)$$

式中,S_b 为当前局部最好解,经过局部搜索后得到的新局部最好解为 S_l,$f(S_l)$ 表示 S_l 的目标值,p 是一个 (0,1) 之间的随机小数,T($T>0$)代表当前温度。若 S_l 优于 S_b,则接受 S_l;若 S_l 差于 S_b,以特定的概率接受解 S_l。

(4) 搜索策略

框架内还设计了一些搜索策略用于指定搜索时一定点或边的规则。搜索策略包括随机策略、顺序策略和最短路径优先选择策略。在应用这些策略时,当有多个可行的移动搜索时,还可以继续指定是寻找最先提升(FirstAccept)还是最好提升(BestAccept)的移动。

3.4.6 基本元启发算法组件

框架内提供了迭代局部搜索(ILS)、变邻域搜索(VNS)、大规模邻域搜索(LNS)、贪婪随机自适应算法(GRASP)、模拟退火算法(SA)和记录更新算法(RRT)等元启发算法的基本实现。根据求解问题的类型,建立单校求解 HSBRPSolver 类和多校求解 MHSBRPSolver 类,并在每个类中提供元启发算法的实现。

邻域搜索元启发算法模板统一定义如算法 3-1 所示。步骤(2)和(3)设置问题的类型和启发策略;步骤(4)～(16)是算法的主体部分,包含初始解构造、扰动、局部搜索和解的接受 4 部分。改变外层迭代次数 outerIter、内层迭代次数 innerIter 和 IsCanPerturbation 属性的值,即可以基于此模板实现多种邻域搜索类元启发算法。例如,当 outerIter=1,innerIter=n,且 IsCanPerturbation=true 时,即可实现 ILS、VNS 和 LNS 算法;当 outerIter=1,innerIter=n,且 IsCanPerturbation=false 时,即可实现 SA 和 RRT 算法;当 innerIter=1,outerIter=n,且 IsCanPerturbation=false 时,即可实现 GRASP 算法。算法主体中扰动方法(Perturbation)和局部搜索方法(LocalSearch)的实现过程,由其实现算法的过程而定。

3.5 基于框架的应用开发

基于框架进行开发的基本流程如下:

(1) 准备框架支持的数据,将待求解问题的案例文件整理成符合 TSPLib95 格式的文件。

案例文件中包含案例数据属性的说明和数据两部分。以单校多车型案例文件为例(如图 3-9 所示),说明案例文件的主要组成部分。其中,"EDGE_WEIGHT_FORMAT:FUNCTION"指定计算方式由"EDGE_WEIGHT_TYPE"属性对应的值"MAN_2D"表示,即两点间距离使用曼哈顿距离进行表示;"FLEETNUMBERS"属性表示车型的个数;"BUS_

FLEET_SECTION"节以下的内容表明车型的信息,例如"1 30 2000 1.1 2"的含义是 1 型车,容量为 30,固定成本是 2000,每单位可变成本是1.1,最大车辆数为 2。

算法 3-1　邻域搜索元启发算法模板

```
(1) S* = Null;
(2) ParameterAndProblemSettings();//设置求解问题类型、参数等
(3) rules = SetHeuristicStrategy();//设置启发策略
(4) for(int i=0;i<outerIter;i++)//外层循环
(5) {
(6)         S=S₀=ConstructionSolution();//使用构造函数得到初始解
(7)         for(int j=0;j<innerIter;j++){//内层循环
(8)             if(IsCanPerturbation()){
(9) Perturbation(S,rules);//对当前解扰动
(10)            }//end if
(11)            S'=LocalSearch(S,rules);//局部搜索
(12)            S=AcceptRules(S,S',rules);//控制解的更新
(13)            GetBestSolution(S*,S);//更新全局最好解
(14) }//end for inner
(15)        UpdateOtherInform();//更新其他信息
(16) }//end for outerIter
(17) ResultOutput();//结果输出
```

注:为维模板原样,变量未变斜体,下同。

（2）根据求解问题类型,基于现有元启发算法模块完成算法设计。

通过系统定义的 ProblemType 枚举指定问题求解的类型,然后选择在 HSBRPSolver 类或 MHSBRPSolver 类中完成求解算法的设计。ProblemType 枚举包含的问题求解类型有 SSBRP、FSMSBRP、HFSBRP、MSBRP、MHSBRP、MSBRP_Mix、MHSBRP_Mix 等,分别表示单校单车型 SBRP、单校多车型车型混合 SBRP、单校车辆数限制多车型 SBRP、多校不混载 SBRP、多校多车型不混载 SBRP、多校混载 SBRP 和多校多车型混载 SBRP。

（3）配置外层参数和启发策略等,使用设计的元启发算法进行问题求解。

算法框架从 Main 方法入口,通过其 args 参数集合指定算法的参数信

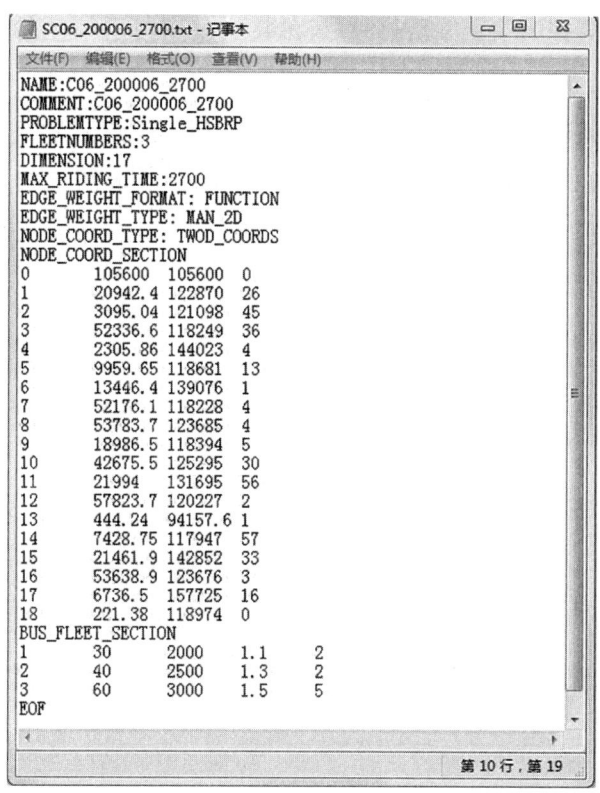

图 3-9　多车型案例文件举例

息。参数包括求解问题案例文件的路径名、每个案例求解次数、路径是否闭合、求解问题类型、外层迭代次数、内层迭代次数、搜索邻域大小、求解算法、算法参数等。

启发策略（HeuristicRule）被描述成一个二进制的数字，每一位代表其中一个策略，通过位运算可以判断是否启用了某个策略。与此同时，问题的优化目标和启发策略统一描述。例如，某算法的启发策略 rules 定义为：

rules＝（int）HeuristicRule.USE_NEIGHBOR_LIST＋

（int）HeuristicRule.FIRST_ACCEPT＋

（int）HeuristicRule.RECORD_TO_RECORD＋

（int）HeuristicRule.MIN_ROUTES_NUM；

此时 rules 规则的含义为使用基于邻域的方式搜索解空间，并且在邻域内使用最先接受搜索策略,邻域解的接受规则使用偏差系数的接受规则,问题优化目标为最小化车辆数。

（4）输出运行时的信息和最终结果。

在使用选定的算法求解特定问题的过程中,会将每次案例执行的结果记录到文件中,其内容主要包括案例名、路径数、总运营距离、总成本、执行时间、标准差等。案例全部执行完毕后输出案例的最优解、平均解、平均运行时间等信息。

3.6 本章小结

本章通过对多种车型可用条件下的校车路径问题进行分析,确定了研究的多车型校车路径问题的特征:① 适应单个学校或多个学校;② 每种类型校车的数量可以是多种车型混合,也可以是限制的;③ 问题优化的目标可以是总成本、固定成本和可变成本等多种目标;④ 校车行驶的路线可以是封闭的,也可以是开放的。根据这些特征,确定了研究的问题,便于后续统一数据结构的设计。

因 SBRP 问题的复杂性,大多数 SBRP 问题使用元启发算法进行求解。现有的求解 SBRP 元启发算法包含邻域搜索类元启发算法和种群类元启发算法两类。与种群类元启发相比,邻域搜索类元启发算法的参数较少,实现较为简单。因此,本文选择邻域搜索类元启发算法作为问题求解的算法。

为了统一求解多车型 SBRP 问题,根据算法框架设计的需求,设计一个支持多种 SBRP 问题求解的元启发算法框架。框架采用面向对象的编程原则从下往上设计了数据结构、基础操作、初始解构造算法组件、邻域搜索算子和各种算法策略等。基于该算法框架,能够方便快捷地完成适应不同问题的应用开发。

4 车型混合的单校校车路径问题

实际校车路径规划场景中,某个学校拟提供校车服务时需要事先规划购买(或租赁)校车的类型和数量,然后再进行校车行驶路径的规划。再者,因现实资金等因素的限制,校车可能是购置的,也可以是租赁的,因此在优化过程中存在不同的优化目标。在此应用规划场景下,对应的即为车型混合校车路径问题(FSMSBRP)。FSMSBRP 是在每种车型的车辆数目不限制的情况下确定最佳的车型组合和规划校车行驶路线。本章研究单校多车型混合校车路径问题及 3 种不同优化目标对应的变体,设计一种参数自适应选择的贪婪随机自适应元启发算法进行求解,并通过实验验证了算法的性能。

4.1 问题描述与数学建模

单校多车型校车路径问题可以描述为:校车服务场站有一组车辆类型不同的校车提供校车服务,校车从场站出发经过乘车站点将学生送到学校,每个乘车站点均有若干名学生,并且校车要在站点停留一段时间以便学生能够上车。目标是在考虑校车固定成本和校车行驶成本的情况下,找到总运营成本最小的路径安排。约束条件为:所有的校车必须从同一个场站出发,到达学校之后即完成任务配送;每个乘车站点必须被访问且只能被访问一次;任意时刻校车上的学生人数之和不能超过校车的容量;学生在校车上的乘坐时间不能超过最大乘车时间;每种类型的校车具有不同的容量、固定成本和单位可变成本。

根据以上描述,使用无向图 $G = (V, E)$ 表示多车型校车路径问题。其中,$V = \{0, 1, 2, 3, \cdots, n, n+1\}$,代表图中所有节点的集合;$E = \{(i,$

$j) \mid i,j \in V, i \neq j\}$，是任意两个节点之间边的集合。假定 0 代表场站，$C = \{1,2,3,\cdots,n\}$ 代表乘车站点，$n+1$ 代表学校。E 中的每一条边 (i,j) 的距离为 d_{ij}，且 $d_{ij}=d_{ji}$。每个乘车站点 i 均有一定数量的学生 q_i，并且服务时间为 t_i。每个学生在校车上的时间不能超过最大乘车时间 T。场站停放着 m 种类型的校车，车型集合 $M = \{1,2,3,\cdots,m\}$。对于车型为 k 的校车，其容量为 Q_k，固定成本为 f_k，单位可变成本为 v_k，并且 $f_k \geqslant 0, v_k > 0$。

定义决策变量 x_{ijk} 表示校车 k 访问站点 i 后是否直接访问站点 j，若是则 $x_{ijk}=1$，否则 $x_{ijk}=0$；y_{ik} 表示校车 k 到达站点 i 时的累积乘车人数，$y_{0k}=0$；z_{ik} 表示校车 k 离开站点 i 的累计行驶时间（按逆序进行计算），$z_{(n+1)k}=0$。

由此，建立基于校车类型的单校 HSBRP 混合整型线性规划模型：

$$\min. \sum_{j \in C}\sum_{k \in M} f_k x_{ojk} + \sum_{i \in V\setminus\{n+1\}}\sum_{j \in V\setminus\{0,i\}}\sum_{k \in M} v_k d_{ij} x_{ijk} \tag{4-1}$$

$$\text{s. t.} \sum_{j \in V\setminus\{i,n+1\}}\sum_{k \in M} x_{ijk} = 1, \forall i \in C, k \in M \tag{4-2}$$

$$\sum_{i \in V/\{n+1\}} x_{ipk} - \sum_{j \in V/\{0\}} x_{pjk} = 0, \forall p \in C, k \in M \tag{4-3}$$

$$y_{ik} \leqslant Q_k, \forall i \in V, ?k \in M \tag{4-4}$$

$$y_{ik} + q_j - y_{jk} \leqslant M_1(1 - x_{ijk}), \forall i \in V\setminus\{n+1\}, j \in V\setminus\{0,i\}, ?k \in M \tag{4-5}$$

$$z_{ik} \leqslant T, \forall i \in V/\{0\}, k \in M \tag{4-6}$$

$$z_{jk} + t_{ij} + t_i - z_{ik} \leqslant M_2(1 - x_{ijk}), \forall i \in V\setminus\{n+1\}, j \in V\setminus\{i\}, ?k \in M \tag{4-7}$$

$$x_{ijk} \in \{0,1\}, \forall i \in V\setminus\{n+1\}, j \in V\setminus\{0,i\}, ?k \in M \tag{4-8}$$

$$y_{ik} \in \{0,1,2,\cdots\}, \forall i \in V, ?k \in M \tag{4-9}$$

$$z_{ik} \in \{0,1,2,\cdots\}, \forall i \in V, ?k \in M \tag{4-10}$$

其中，函数 4-1 表示优化目标为总运营成本最小。根据是否考虑每种车型的固定成本和可变成本，FSMSBRP 有 3 种变体。默认情况下为 FSMSBRPFV；当 $f_k \neq 0, v_k = 1$ 时，优化目标由固定成本和总行驶距离组成,即为 FSMSBRPF;当 $f_k=0, v_k \neq 1$ 时,优化目标仅考虑可变成本,即为 FSMSBRPV。约束 4-2 限定每一个学生站点都必须由一辆车提供服务,并且只允许被访问一次。约束 4-3 保证若一辆校车访问某一个学生站点之后,该校车必须离开。约束 4-4 保证任何时刻,校车上乘坐的学生人数不能超过车辆的容量。约束 4-5 表示两个连续站点的容量累积关系。若校车 k 访问站点 i 后立即访问站点 j($x_{ijk}=1$),校车容量满足 $(y_{ik}+q_j)x_{ijk}=y_{jk}$;其他情况下($x_{ijk}=0$),则 $(y_{ik}+q_j)x_{ijk} < y_{jk}$。因此采用非线性不等式 $(y_{ik}+q_j)x_{ijk} \leqslant y_{jk}$ 表达站点间的容量积累关系,引入一个较大的正整数 M_1 将其转换为线性不等式 4-5。约束 4-6 表示所有学生的最大乘车时间不能超过最大值 T。约束 4-7 表示两个连续站点的校车运行时间积累,用 4-5 通过引入较大整数 M_2 将非线性不等式 $(z_{ik}+t_{ij}+t_i)x_{ijk} \leqslant z_{jk}$ 转换为线性不等式。约束 4-5 和 4-7 均能够消除不经过车场和学校的闭合回路。约束 4-8、4-9 和 4-10 分别限定决策变量 x_{ijk}、y_{ik} 和 z_{ik} 的取值。

4.2 算法设计

贪婪随机自适应过程(GRASP)是一种多启动元启发算法,具有结构简单和参数少等优点[213,214]。标准的 GRASP 算法包含初始解构造和局部搜索两部分,每次迭代使用贪婪随机过程创建初始解,然后再进行局部提升,经过多次迭代之后,保存所发现的最好解。标准的 GRASP 算法是一种无记忆功能的元启发算法,不会从搜索历史以及之前发现的解中进行学习[215]。在 GRASP 的初始解构造过程中,受限候选列表(Restricted Candidate List,RCL)的大小是确定初始解构造贪婪性与随机性的关键。RCL 的大小由阈值参数 α 决定,α 取值 0~1。通常阈值参数 α 随机取值或者取一个固定的值。阈值参数 α 的值过于随机或者固定有可能错过一些质量较好的解[216]。Prais 和 Ribeiro[216] 针对矩阵分解问题,设定一组阈值参数 α 的取值,在迭代过程中对阈值参数 α 的值进行调整,通过实验验证迭代过程中动态调整参数取值比参数值固定或者随机取值能够获得较好的求解质量。

本文设计一种参数自适应选择的 GRASP 算法(记为 SGRASP),在标准 GRASP 算法框架中增加历史信息记录与评价,进而应用于算法参数选择。算法事先设定一组 α 的取值,并赋予一定的选择概率;每隔若干次迭代后,统计和评价解的历史信息进而更改 α 的选择概率;在下一个迭代周期中倾向于选择获得较高质量解的 α 取值,从而逐步提高问题的求解质量。参数自适应选择机制能够克服基本 GRASP 无记忆功能的缺点,通过利用历史记录信息建立参数选择机制,避免了基本 GRASP 算法中参数选择过于随机或者固定不变的不足,从而使得算法能够获得较好的寻优效果。SGRASP 算法流程如图 4-1 所示。

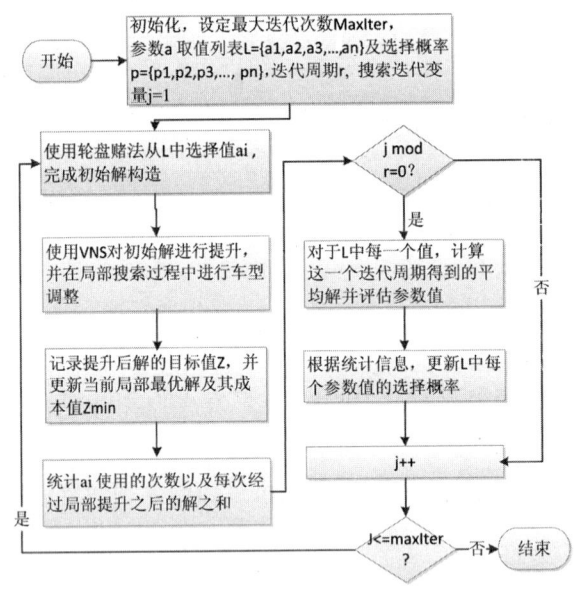

图 4-1　SGRASP 的算法流程

SGRASP 算法实现如算法 4-1 所示。算法第(1)和(2)行完成算法的初始化工作。第(3)~(20)行循环执行阈值参数选择、初始解构造、局部提升、更新阈值参数选择概率等操作,其中第(5)~(12)根据初始化选择概率选择一个阈值参数,经过初始解构造、局部提升之后更新当前最好解,并更新该参数对应的分值和使用次数;第(13)~(19)行每一个迭代周期结束后,根据评估标准对每个参数进行性能评价,然后再更新其参数的选择概率;第(20)行输出算法求得的全局最好解。

算法 4-1　参数自适应选择的 SGRASP 算法

输入:最大迭代次数 M、迭代周期 γ、放大因子 θ、阈值参数取值列表 $L=\{a_1, a_2, a_3, \cdots, a_k\}$、参数概率取值列表 $P=\{p_1, p_2, p_3, \cdots, p_k\}$、搜索规则 rules
(1) $f* = +\infty$; $S* = $ Null;
(2) Initialize(P); //初始化 P
(3) for(int i=0; i<M; i++)
(4) {
(5) a_k = Select(L, P);
(6) S_0 = ConstructionSolution(a_k); //使用选择的阈值 a_k 构造初始解
(7) S = LocalSearch(S_0, rules); //提升初始解 S_0
(8) if(f(S) < f*) {
(9) 　　　f* = f(S);
(10) S* = S;
(11) } //end if
(12) UpdateAttribute(a_k, f*); //更改 a_k 对应的分值和使用次数
(13) if(i mode γ == 0) {
(14) 　　　foreach(var a_k in L){
(15) 　　　　　avg_k = getAverage(a_k); //得到 a_k 对应的平均值
(16) 　　　　　g_k = getEvaluation(f*, avg_k, θ); //计算 a_k 的衡量值
(17) 　　　} //end for each
(18) 　　　UpdateProbability(P); //更新 P 中每个阈值参数的选择概率
(19) 　　} //end if
(20) } //end for
输出:全局最好解 S*

4.2.1 初始解构造

初始解使用贪婪随机的构造过程,构造过程中不考虑车型的调整。其构造流程如下:

(1) 初始化候选列表(Candidate List, CL)。CL 由所有乘车站点组成。当前解 S_c 为空。

(2) 随机从 CL 中选择一个站点 i,然后构成路径 $0-i-s$,并放入当前解 S_c 中(其中 0 代表场站,s 代表学校)。对该路径分配能够满足站点 i

需求的最小车型，然后将 i 从 CL 中移除。

（3）计算 CL 中所有站点能够插入到当前解 S_c 中的最小成本。若有节点不能插入到 S_c 中，则设其成本为一个非常大的正数。按照成本值对节点进行升序排列，最小成本和最大成本分别为 C_{min} 和 C_{max}。将插入成本值在 $[C_{min},C_{min}+\alpha(C_{max}-C_{min})]$ 之间的站点放入受限候选列表（RCL），其中阈值参数 $\alpha \in [0,1]$。若 $\alpha = 0$，RCL 中仅包含插入成本最小的站点，此时变成完全贪婪构造；若 $\alpha = 1$，RCL 中包含 CL 中的所有站点，此时则是完全随机构造初始解。

（4）从 RCL 中随机选择一个站点 j，找到其插入成本最小的位置并完成插入操作。若站点 j 因违反最大乘车时间约束或容量约束不能插入到当前解 S_c 的任何一个位置，则构造一条新的路径 $0-j-s$，并为新路径分能够满足站点 j 需求的最小车型，将新路径放入当前解 S_c 中；若能够找到站点 j 插入的最佳位置，将 j 插入到当前解 S_c 中，然后将 j 从 CL 中移除。判断 CL 是否为空，若 CL 为空则退出构造返回解 S_c，否则跳转到（3）继续执行。

4.2.2 参数自适应选择

通过实验先确定参数 α 的一组取值 $L(L=\{a_1,a_2,a_3,\cdots,a_v\})$，且每个取值对应的选择概率为 $P(P=\{p_1,p_2,p_3,\cdots,p_v\})$。将整个算法过程分成若干个迭代周期 γ，每一个迭代周期内包含若干次迭代。算法开始时设定 L 中各个 a_i（$a_i \in L$）的选择概率相等。每次迭代使用轮盘赌法选择参数 α 的取值 a_i，使用 a_i 进行初始解构造。经过局部提升后，统计 $a=a_i$ 的次数以及每次得到的解之和，并记录当前最优解的目标值 Z_{min}。当一个迭代周期结束时，对于 L 中的每一个 a_i，计算其平均解 $avg(i)$ 以及衡量标准值 $g(i)$。衡量标准值 $g(i) = (Z_{min}/avg(i))^\theta$。设 $\sigma = \sum_{i=1}^{v} g(i)$，然后更新 L 中每个元素的选择概率为 $g(i)/\sigma$。在 $g(i)$ 中引入系数 θ 的目的是为了放大 α 不同取值时的差异，避免出现每个 a_i 的选择概率太过于接近从而导致学习停滞。a_i 的选择概率 p_i 越大，说明在迭代过程中发现的平均解越接近当前最优解。随着迭代继续执行，下一次迭代时将会倾向选择其概率较大的 α_i。通过这样统计历史信息然后更改阈值参数 α 的值，使得解的质量向着较好的方向发展。

4.2.3 变邻域搜索

局部提升过程由可变邻域搜索(VNS)完成。VNS 中邻域的排序决定着其优化性能，因此首先要确定邻域排序方式。经过前期实验，分别统计 5 个路径间算子对解的提升次数，然后根据对解提升的程度对邻域进行排序，得到邻域列表 $NL(NL = \{\text{Shift}(1,0), \text{Cross}, \text{Swap}(1,1), \text{Swap}(1,2), \text{Shift}(2,0)\})$。使用可变邻域搜索进行局部提升时，对于某个邻域逐条路径进行遍历并使用最好接受策略。其执行过程如下：

(1) 初始化邻域列表 NL，设最大迭代次数为 P，邻域最大个数 $k_{\max} = 5$，迭代变量 $t = 1$，当前解为 S。

(2) 设定变量 $k = 1$。

(3) 根据 k 的值从 NL 中选择对应的邻域 NS，使用 NS 算子对解 S 进行路径间局部搜索得到当前邻域的最好解 S'。局部搜索过程中，针对每次路径间操作进行车型调整，并对提升的两条路径再使用 2-opt 操作进行路径内提升。

(4) 若 S' 优于 S，则 $S = S'$，置 $k = 1$；否则 k++。若 $k < k_{\max}$，跳转到(3)继续执行。

(5) t++；若 $t \leqslant P$，则跳转到(2)继续执行，否则结束搜索。

其中步骤(3)的执行过程中，借助车型调整功能尽可能地缩减成本。若路径满足容量约束，则尝试将路径上使用的车型减少，直到减少到最小车型为止。对于邻域解得到提升的路径间操作，再使用 2-opt 进行路径内提升。

4.3 算法的复杂度分析

假设 SGRASP 算法迭代次数为 M，问题规模为 N，邻域搜索最大迭

代次数为 P。按照一次最长的迭代过程进行分析算法的时间复杂度。一次最长迭代要执行参数选择、初始解构造、邻域搜索、参数评估和更改参数概率等步骤。因参数个数为常量,故参数选择、参数评估和更改参数概率的时间复杂度均为 $O(1)$;初始解构造实际上是一种贪婪插入法,其时间复杂度为 $O(N^2)$。VNS 邻域搜索的时间复杂度取决于邻域搜索的最大迭代次数 P 和邻域算子。本文设计的 5 个路径间邻域算子的时间复杂度均为 $O(N^2)$[43]。一次迭代中执行最长时间即为执行路径间邻域算子和路径内 2-opt 混合使用的时间。路径内 2-opt 的时间复杂度为 $O(N^2)$,当发生整条路径直接逆序时时间复杂度为 $O(N)$,所以邻域算子执行的时间复杂度仍为 $O(N^2)$,因此一次邻域搜索执行时间最长的复杂度仍为 $O(N^2)$,所以 VNS 邻域搜索的总时间复杂度为 $P*O(N^2)$。由此可知,SGRASP 算法的总复杂度为 $M*P*O(N^2)$。

4.4 实验与结果分析

本章及其后续章节中算法均使用 Visual Studio 2010 环境中的 C♯ 来实现,测试环境均为 PC 机,配置为 Intel © core i7-4790 3.60GHz、8GB 内存、Windows 7 64 位操作系统。

4.4.1 测试案例

采用文献 Park 等[6]公开的 SBRP 案例集作为测试数据。该案例集针对多校混载问题专门设计了一组测试案例集。每个案例集中包含若干个学校,也可以作为单校问题的测试。根据站点和学校的分布情况,案例集分为 CSCB(Cluster Dispersion of Schools and Bus Stops)和 RSRB(Random Dispersion of Schools and Bus Stops)2 种类型。CSCB 类测试案例集中站点和学校相对集中地分布在若干个集聚区,RSRB 类测试案例集中学校和乘车站点则是随机分布的,有关案例的详细说明详见文献 6。

针对单校多车型问题,使用 RSRB01、RSRB02 和 CSCB01、CSCB02 这

4 车型混合的单校校车路径问题

4个案例集,并在此基础上根据问题规模大小设计了20个测试案例。S01~S08源自CSCB02和RSRB02案例集中站点数小于15的案例,C01~C06和R01~R06分别来自CSCB01和RSRB01。测试案例的问题特征及车型信息如表4-1所示。

表4-1 单校多车型测试案例的问题特征及车型信息

案例	N	TD	车型A				车型B				车型C			
			Q_A	f_A	v_A	n_A	Q_B	f_B	v_B	n_B	Q_C	f_C	v_C	n_C
S01	5	50	12	1000	0.6	1	20	2000	0.9	2				
S02	10	83	20	1200	1.2	1	30	2000	1.5	2	40	3000	1.8	1
S03	9	49	10	800	0.6	1	20	1000	1.2	2	30	1500	1.5	1
S04	12	212	40	1200	1.2	2	50	1500	1.5	1	66	1800	1.8	2
S05	7	29	10	1000	0.6	2	20	1500	1.2	2				
S06	13	136	10	500	0.6	1	30	1200	1.5	3	40	1600	1.5	2
S07	7	80	20	1200	1.2	1	40	2400	1.5	2				
S08	6	131	40	1500	1.2	2	66	1800	1.5	1				
C01	70	887	27	1000	1.0	5	54	2500	1.5	12	72	3000	1.7	9
C02	35	674	40	2200	1.2	4	60	2700	1.3	6	72	3000	1.6	4
C03	30	492	30	1200	1.0	3	60	2500	1.3	3	70	3000	1.4	4
C04	23	402	30	1000	1.1	2	50	2200	1.3	5	60	2500	1.4	2
C05	75	1116	40	2500	1.2	4	60	3000	1.4	16	70	3500	1.5	6
C06	17	336	30	2000	1.1	2	40	2500	1.3	3	60	3000	1.5	4
R01	38	569	40	2000	1.1	1	50	2200	1.3	5	70	2500	1.4	6
R02	40	557	30	2400	1.0	2	50	3000	1.2	5	70	3500	1.5	6
R03	51	794	40	2500	1.2	2	50	3000	1.5	6	70	3500	1.7	9
R04	35	427	30	1800	1.0	5	45	2500	1.2	5	60	3200	1.5	3
R05	42	550	40	2600	1.0	5	60	3200	1.3	6	70	3500	1.6	2
R06	44	512	30	1800	1.0	4	40	2500	1.2	3	60	3000	1.4	6

表4-1中,N和TD分别代表站点总数和学生总数;Q_k是类型为k的车辆的载重能力,$k \in \{A, B, C\}$;f_k表示类型为k的车辆的固定成本;v_k代表类型为k的车辆的每英里(或每分钟)的可变成本,该成本仅与行驶距离(时间)线性相关;n_k是车型k的最大数目。假设当车型$Q_A < Q_B$时,$f_A < f_B$且$v_A < v_B$。对于FSMSBRP问题,忽略n_k的取值。

本章的研究中,学生的最大乘车时间(MRT)设置为2700秒,校车的行驶速度为29.333333英尺/秒,即20英里/小时。各个站点的服务时间参考文献Braca等[147]的设置:学生站点的服务时间为$t_i = 19.0 + 2.6q_i$,其中q_i是在站点i上车的学生数,t_i的单位为秒(s);两个站点间的距离计算方式使用曼哈顿距离,以英尺为单位;两个站点间的行驶时间则由距离除以校车行驶速度得到；站点和学校的服务时间取整数；v_k 取车型 k 的每英里可变成本；实验结果中两个站点间的行驶距离以英里为单位，并且保留 4 位小数。

为更好地评估算法的性能，对表 4-1 中的案例构建 4.1 节定义的整型规划模型，并使用 CPLEX 12.6 优化软件进行求解。CPLEX 安装在 PC 机上，与算法测试环境相同。模型中参数 $M_1 = 200, M_2 = 20000$。CPLEX 的参数 $mipgap = 10^{-10}$，$timelimits = 7200$ s。本章后续的表中标注"*"的即为 CPLEX 发现的最优解。默认情况下，FSMSBRP 问题的优化目标为总成本（即 FSMSBRPFV）。

4.4.2 参数设置

经过初步试验先设定算法的基本参数：迭代次数为 160，邻域大小取 30 和问题规模 n 之间的最小值，VNS 搜索迭代次数 $P = 50$，邻域搜索策略为最好接受（BestAccept），放大因子 $\theta = 10$，迭代周期 $\gamma = 20$。每个案例运行 10 次，记录其最好解。默认情况下，优化目标为总成本。

在算法基本参数的基础上，按照以下两步确定参数 α 的取值范围：

(1) 按照参数 α 不同取值时算法的性能，对 α 的取值进行排序。

根据参考文献 131，使用参数的一组离散取值为 0、0.1、0.2～1.0，测试表 4-1 中 20 个案例，并统计每个 α 取值下的平均值，统计结果如图 4-2 所示。

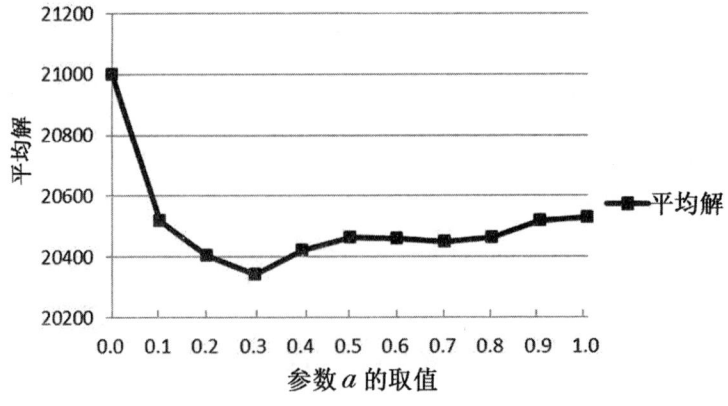

图 4-2 α 不同取值下的平均解

4 车型混合的单校校车路径问题

由图 4-2 可知,阈值参数 $\alpha=0.3$ 时平均解最好,$\alpha=0.0$ 时平均解最差。按照平均解升序排列,参数 α 的取值排序为 $0.3,0.2,0.4,0.7,0.6,0.8,0.5,0.1,0.9,1.0,0.0$。

(2) 确定参数 α 的取值范围列表 L。

取值范围列表 L 由 $v(v\in[1,11])$ 个能获得较好平均解的 α 值组成。例如,当 $v=3$ 时,$L=\{0.3,0.2,0.4\}$。当 v 取值 1~11 时,测试 20 个案例的平均解,统计结果如图 4-3 所示。

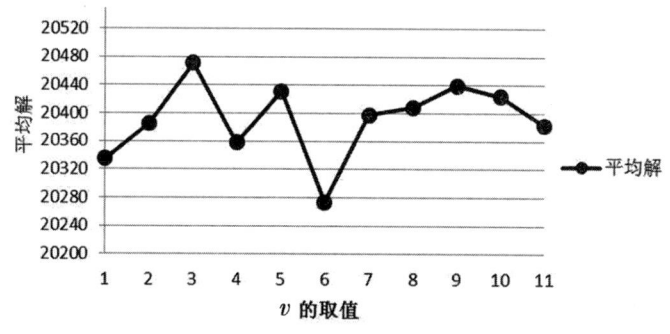

图 4-3 v 不同取值下的平均解

由图 4-3 可知,当 $v=6$ 时,SGRASP 能够获得最好的平均解。因此,参数 α 的取值应选择拥有较好平均解的 α 的前 6 个值,即 $L=\{0.3,0.2,0.4,0.7,0.6,0.8\}$。

4.4.3 参数自适应选择的优势

为了验证参数自适应选择的优势,将本文设计的 SGRASP 与另外 2 种 GRASP 算法进行比较。一种是参数值 α 从序列 $[0,1]$ 中随机选择的 GRASP 算法(记为 RGRASP);一种是参数值 α 固定的 GRASP 算法(记为 FGRASP),α 取 $[0,1]$ 的一个数值。由图 4-2 可知,当 $\alpha=0.3$ 时,FGRASP 算法能够获得较好的求解性能。SGRASP、RGRASP 和 FGRASP 具有相同的迭代次数、邻域大小和搜索策略。分别使用这 3 种 GRASP 算法求解 20 个案例的总成本(FSMSBRPFV),每组案例随机运行 10 次,记录其最好解、平均解及执行时间。

表 4-2 给出 20 个案例在 3 种算法下的最好解、平均解及执行时间。其中,C_{best} 为最好解,C_{avg} 为平均解,T_S、T_R 和 T_F 分别代表 SGRASP、RGRASP 和 FGRASP 算法的平均执行时间。

表 4-2　3 种 GRASP 算法的最好解、平均解及执行时间

案例	SGRASP		RGRASP		FGRASP		执行时间(s)		
	C_{best}	C_{avg}	C_{best}	C_{avg}	C_{best}	C_{avg}	T_S	T_R	T_F
S01	5062.57 *	5062.57 *	5062.57 *	5062.57 *	5062.57 *	5062.57 *	0.03	0.03	0.05
S02	6537.06 *	6537.06 *	6537.06 *	6537.06 *	6537.06 *	6537.06 *	0.09	0.08	0.09
S03	3090.16 *	3090.16 *	3090.16 *	3090.16 *	3090.16 *	3090.16 *	0.08	0.08	0.09
S04	6469.90 *	6469.90 *	6469.90 *	6591.03	6469.90 *	6470.13	0.12	0.12	0.13
S05	3567.46 *	4062.64	4062.64	4062.64	4062.64	4062.64	0.04	0.04	0.04
S06	6261.82 *	6261.82 *	6261.82 *	6261.82 *	6261.82 *	6261.95	0.14	0.14	0.16
S07	6122.95 *	6122.95 *	6122.95 *	6122.95 *	6122.95 *	6122.95 *	0.04	0.04	0.05
S08	4894.26 *	4894.26 *	4894.26 *	4894.26 *	4894.26 *	4894.26 *	0.03	0.03	0.04
C01	39729.48	40634.92	40204.49	40694.73	40237.98	40683.84	7.34	7.66	7.80
C02	31128.86	31135.14	31130.57	31135.14	31130.34	31135.25	1.37	1.67	1.70
C03	21268.41	21415.57	21269.88	21533.29	21269.81	21513.96	0.80	1.03	1.07
C04	17582.47	17585.16	17583.46	17586.05	17582.58	17585.35	0.47	0.56	0.58
C05	57724.19	58690.35	57726.47	59142.24	57729.55	58991.56	7.60	8.12	8.47
C06	18776.7 *	18776.96	18776.7 *	18777.42	18776.7 *	18777.74	0.24	0.32	0.32
R01	22088.72	23279.42	22304.95	23384.09	22293.75	23296.41	1.55	2.18	2.17
R02	30207.04	30670.02	30689.93	30836.09	30208.74	30798.67	1.67	2.17	2.19
R03	41631.34	41710.48	41644.70	41911.39	41632.73	41963.94	2.73	3.54	3.56
R04	26030.92	26273.88	26031.33	26313.32	26031.33	26313.29	1.34	1.30	1.32
R05	29819.92	30917.02	30121.59	31113.28	29822.38	31005.61	1.75	2.44	2.47
R06	27478.31	27837.75	27480.69	27838.96	27480.69	27838.07	2.01	2.94	2.99
平均	20273.63	20571.40	20373.31	20644.42	20334.9	20620.27	1.47	1.73	1.76

注：v_k 取车型 k 的每英里可变成本。

从表 4-2 中可以看出，SGRASP 算法总体上优于 RGRASP 算法和 FGRASP 算法。SGRASP 算法在 20 个案例上都找到了最好解，而 RGRASP 算法和 FGRASP 算法仅在 C06 和 R02 案例上找到了最好解。另外，SGRASP 算法找到所有 CPLEX 验证的已知最好解。对平均解而言，SGRASP 算法获得了比 RGRASP 算法和 FAGRASP 算法更好的平均解。在执行时间上，SGRASP 算法的平均执行时间略优于 RGRASP 算法和 FGRASP 算法。

为了验证 SGRASP 算法在其他不同优化目标问题上的优势，进一步使用 SGRASP、FGRASP 和 RGRASP 算法求解优化目标分别为固定成本（FSMSBRPF）和可变成本（FSMSBRPV）的两类问题，并统计所有案例的最好解和平均解的平均值。统计结果如图 4-4 所示。

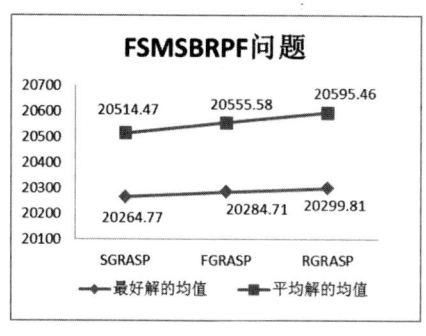
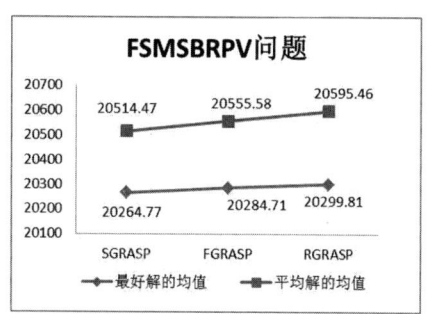

图 4-4 3 种 GRASP 算法在两类问题上的最好解和平均解的平均值比较

综合考虑表 4-2 和图 4-4 可知,SGRASP 算法在 3 类车型混合的多车型校车路径问题上的求解性能良好。SGRASP 算法优于 RGRASP 和 FGRASP 的原因在于,前者在迭代执行的过程中,能够记录每个 α 取值下得到的解的信息,通过统计历史信息发现较好的 α 的取值,然后在下一次迭代周期中更改 α 值的选择概率。通过更改 α 值的选择概率,使得获得较高质量解的 α 的取值会被优先选择,从而使得算法在整个执行过程中获得质量较高的解。而 RGRASP 算法中 α 的值随机从[0,1]中进行选择,解的多样性较强,但发现较高质量解的概率降低;FGRASP 算法每次迭代使用相同的 α 值,有可能错过 α 其他取值下较好的解。在执行时间上,SGRASP 算法略优于 RGRASP 和 FGRASP。总体而言,SGRASP 算法能够充分利用历史信息,交互地更改 α 的取值,整体求解质量较高。

4.4.4 算法比较

为进一步验证 SGRASP 算法的性能,将其与现有的多车型 SBRP 算法进行比较。现有的多车型 SBRP 求解算法主要包括:① 文献 148 提出的两阶段算法(RRH);② 文献 202 提出的自适应基于位置的启发算法(ALBH);③ 文献 147 提出的基于位置的随机启发算法(RLBH)。由于文献 148 中,已经验证 RRH 算法优于 RLBH 算法,此处仅与 RRH 算法和 ALBH 算法比较,不再与 RLBH 算法进行比较。在相同的外层迭代次数下,分别运行 SGRASP、RRH 和 ALBH 3 种算法求解 3 种优化目标不同的车型混合 SBRP 问题。每个案例随机运行 10 次,并记录其最好解和平均执行时间。

(1) FSMSBRPFV 问题

SGRASP 算法、RRH 算法和 ALBH 算法求解 FSMSBRPFV 的结果如表 4-3 所示。其中，T_S 和 T_R 分别代表 SGRASP 和 RRH 平均执行时间。由于 ALBH 算法是构造启发式算法，因此其执行时间不再列出。g_1 代表 SGRASP 算法相对于 RRH 的改进值，其值计算公式为 $(Z_{RRH} - Z_{SGRASP}) * 100\% / Z_{RRH}$，其中 Z_{RRH}、Z_{SGRASP} 分别代表 RRH 和 SGRASP 算法得到的目标值。g_2 代表 SGRASP 算法相对于 ALBH 的改进值，计算方法同 g_1。

表 4-3 SGRASP 与 RRH、ALBH 算法的对比（优化目标：总成本）

案例	总成本（固定成本＋可变成本）			执行时间(s)		改进值(%)	
	SGRASP	RRH	ALBH	T_S	T_R	g_1	g_2
S01	5062.57*	6077.19	5063.42	0.03	0.01	16.70	0.02
S02	6537.06*	6541.11	6537.30	0.09	0.004	0.06	0.004
S03	3090.16*	3090.16	3389.45	0.08	0.004	0.00	8.83
S04	6469.90*	7694.78	6469.96	0.12	0.01	15.92	0.001
S05	3567.46*	3567.46*	3567.46*	0.04	0.001	0.00	0.00
S06	6261.82*	6266.06	6372.65	0.15	0.01	0.07	1.74
S07	6122.95*	6123.85	6122.95*	0.04	0.002	0.01	0.00
S08	4894.26*	4897.09	4894.26*	0.03	0.01	0.06	0.00
C01	39729.48	42288.72	44303.98	7.34	0.22	6.05	10.33
C02	31128.86	33156.73	31447.48	1.37	0.05	6.12	1.01
C03	21268.41	22595.01	23298.97	0.80	0.05	5.87	8.72
C04	17582.47	17885.79	17880.90	0.47	0.03	1.70	1.67
C05	57724.19	59779.29	64264.01	7.60	0.24	3.44	10.18
C06	18776.70*	19791.36	19775.66	0.24	0.01	5.13	5.05
R01	22088.72	25345.16	25837.77	1.55	0.08	12.85	14.51
R02	30207.04	32715.99	35207.10	1.67	0.07	7.67	14.20
R03	41631.34	43684.34	46230.37	2.73	0.11	4.70	9.95
R04	26030.92	28251.79	30360.52	1.34	0.06	7.86	14.26
R05	29819.40	32123.85	35076.04	1.75	0.08	7.17	14.99
R06	27478.31	28700.91	30454.25	2.01	0.10	4.26	9.77
平均	20273.63	21528.83	22327.73	1.47	0.06	5.28	6.26

注：v_k 取车型 k 的每英里可变成本。

由表 4-3 的实验结果可以得出以下结论：

① CPLEX 仅能求解小规模问题的最优解（站点数≤17），这说明

FSMSBRPFV 问题的求解非常困难。

② 对于 FSMSBRPFV 问题，SGRASP 算法在所有案例上均发现了最好解，其求解质量优于 RRH 算法和 ALBH 算法。和 RRH 算法与 ALBH 算法相比，SGRASP 算法分别平均改进 5.28% 和 6.26%，在单个案例上最大提升分别高达 16.70% 和 14.99%。

③ SGRASP 算法找到了 CPLEX 验证的所有已知最优解，而 RRH 和 ALBH 仅找了少量的已知最优解。

（2）FSMSBRPF 问题

使用 SGRASP 算法、RRH 算法和 ALBH 算法求解 FSMSBRPF 问题，优化目标中仅包含车辆的固定成本和总行驶距离。统计结果如表 4-4 所示（表中各参数的含义同表 4-3）。

表 4-4 SGRASP 与 RRH、ALBH 算法的对比（优化目标：固定成本）

案例	总成本（固定成本＋总里程）			执行时间(s)		改进值(%)	
	SGRASP	RRH	ALBH	T_S	T_R	g_1	g_2
S01	5077.97*	6085.77	5080.29	0.02	0.01	16.56	0.05
S02	6501.01*	6503.37	6501.21	0.07	0.01	0.04	0.00
S03	3075.13*	3075.13*	3379.84	0.06	0.01	0.00	9.02
S04	6406.59*	7628.82	6406.62	0.1	0.01	16.02	0.00
S05	3584.64*	3584.64*	3584.64*	0.02	0.004	0.00	0.00
S06	6233.01*	6236.55	6360.33	0.15	0.01	0.06	2.00
S07	6087.89*	6087.98	6087.89*	0.03	0.003	0.00	0.00
S08	4873.24*	4873.24*	4876.24	0.02	0.003	0.00	0.06
C01	39983.99	42019.47	45566.37	10.91	0.22	4.84	12.25
C02	31000.17	33029.59	33028.30	2.45	0.06	6.14	6.14
C03	21189.94	22500.54	22690.61	1.31	0.04	5.82	6.61
C04	17516.58	17816.74	17812.82	0.65	0.03	1.68	1.66
C05	58001.99	58506.69	63565.52	10.89	0.23	0.86	8.75
C06	18704.37	19709.12	19202.76	0.38	0.01	5.10	2.60
R01	22198.95	23834.93	24010.32	2.61	0.07	6.86	7.54
R02	30115.39	32522.12	37456.76	2.6	0.09	7.40	19.60
R03	41384.18	43422.27	46944.33	6.1	0.12	4.69	11.84
R04	25962.01	28910.72	29179.43	1.52	0.07	10.20	11.03
R05	29997.32	32024.50	34357.02	2.83	0.10	6.33	12.69
R06	27400.98	28591.11	29933.26	3.67	0.09	4.16	8.46
平均	20264.77	21348.17	22301.23	2.32	0.06	4.84	6.02

注：v_k 取车型 k 的每英里可变成本。

由表 4-4 可知，SGRASP 算法在 FSMSBRPF 问题上的求解质量仍然优于 RRH 算法和 ALBH 算法。对于 FSMSBRPF 问题，SGRASP 算法相比于 RRH 和 ALBH 算法分别平均改进 4.84% 和 6.02%，单个案例上 SGRASP 算法分别最多改进 16.56% 和 19.60%。SGRASP 算法在所有的小规模案例上均找到了最优解，而 RRH 算法和 ALBH 算法分别找到了 3 个和 2 个最优解。此外，SGRASP 算法在案例 C01~C06 和 R01~R06 上改进比较明显，相比于 RRH 算法和 ALBH 算法分别平均改进了 5.34% 和 9.10%。

（3）FSMSBRPV 问题

针对仅考虑可变成本的 FSMSBRPV 问题，分别使用 3 种算法进行求解，统计结果如表 4-5 所示。

由表 4-5 的实验结果可知，针对 FSMSBRPV 问题，SGRASP 算法在所有案例上的平均解仅 301.17，相比于 RRH 算法和 ALBH 算法，其成本分别平均减少了 7.22% 和 7.55%。SGRASP 算法找到了 9 个已知最好解，在单个案例上的提升也比较明显。与 RRH 和 ALBH 算法相比，SGRASP 单个案例上最大提升分别高达 18.94% 和 15.85%；SGRASP 相对于 RRH 算法在所有案例上均有提升，改进程度在 0.73%~18.94%；而相对于 ALBH 算法，SGRASP 算法在较大规模案例 C01~C06 和 R01~R06 上提升明显，有 8 个案例的改进程度在 10% 以上。

表 4-5　SGRASP 与 RRH、ALBH 算法的对比（优化目标：可变成本）

案例	总成本（仅可变成本）			执行时间（s）		改进值（%）	
	SGRASP	RRH	ALBH	T_S	T_R	g_1	g_2
S01	62.57 *	77.19	63.42	0.02	0.01	18.94	1.34
S02	137.06 *	141.11	137.30	0.06	0.003	2.87	0.17
S03	75.27 *	87.32	89.45	0.06	0.001	13.80	15.85
S04	169.90 *	194.78	169.96	0.11	0.01	12.77	0.04
S05	62.64 *	67.46	62.64 *	0.02	0.001	7.14	0.00
S06	161.82 *	166.07	172.65	0.14	0.01	2.56	6.27
S07	122.95 *	123.85	122.95	0.03	0.002	0.73	0.00
S08	94.26 *	97.10	108.57	0.02	0.01	2.92	13.18
C01	715.14	766.54	800.85	10.56	0.24	6.71	10.70

续表

案例	总成本(仅可变成本)			执行时间(s)		改进值(%)	
	SGRASP	RRH	ALBH	T_S	T_R	g_1	g_2
C02	429.01	453.33	458.77	2.46	0.06	5.36	6.49
C03	363.09	388.22	413.10	1.23	0.05	6.47	12.11
C04	277.21	291.46	280.28	0.67	0.02	4.89	1.10
C05	710.92	726.38	781.54	10.71	0.23	2.13	9.04
C06	270.70*	291.36	274.99	0.29	0.01	7.09	1.56
R01	382.70	431.65	425.88	3.01	0.07	11.34	10.14
R02	263.00	309.33	306.81	2.77	0.09	14.98	14.28
R03	627.73	684.34	730.78	6.67	0.12	8.27	14.10
R04	326.78	336.37	365.91	1.43	0.07	2.85	10.69
R05	402.09	433.56	466.70	2.63	0.1	7.26	13.84
R06	368.64	389.45	409.93	3.98	0.09	5.34	10.07
平均	301.17	322.84	332.12	2.34	0.06	7.22	7.55

注：v_k取车型k的每英里可变成本。

综合统计 SGRASP 算法在 3 类 FSMSBRP 问题上相对于 RRH 和 ALBH 算法的改进程度，如表 4-6 所示。

表 4-6 SGRASP 算法相对于 RRH 和 ALBH 的改进程度

FSMSBRP 变体	平均成本			平均改进程度(%)	
	SGRASP	RRH	ALBH	g_1	g_2
FSMSBRPFV	20273.63	21528.83	22327.73	5.28	6.26
FSMSBRPF	20264.77	21348.17	22301.23	4.84	6.02
FSMSBRPV	301.17	322.84	332.12	7.22	7.55

从表 4-6 中可以看出，SGRASP 算法整体优于 RRH 和 ALBH 算法，在 3 类问题上平均改进均在 4.8% 以上。SGRASP 算法在求解质量上优于 RRH 和 ALBH 的原因在于：SGRASP 能够利用搜索过程中的历史信息，自适应调整参数的取值，使其算法能够在好的参数取值下得到更高的求解质量。3 种算法中，ALBH 算法的优化性能最差，原因在于它一开始先使用大车进行路径规划，后期再进行车型调整比较困难。尽管 RRH 算法使用禁忌算法进行提升，但它仅使用 1-interchange 算子进行提升并且禁忌表长度固定，所以 RRH 算法的寻优能力有限。

同时，从表 4-3、表 4-4 和表 4-5 中 3 种算法的执行时间来看，RRH 算法和 ALBH 算法在 3 类问题的求解上所需执行时间较少，原因在于 RRH

算法使用禁忌算法提升时,仅使用1-interchange算子并且禁忌表长度固定,执行速度较快;ALBH算法属于构造启发式算法,能够在较短的时间内完成解的构造;而SGRASP算法则需要通过多次迭代收集历史信息,所以其执行时间略长于RRH和ALBH。

(4) SGRASP算法在其他FSMSBRP问题上的优化性能

为了验证SGRASP算法在其他FSMSBRP问题上的优化性能,以考虑固定成本和可变成本的最复杂的FSMSBRPFV问题为例,设计不同的成本构成方式验证SGRASP算法的适应性。假设v_k代表车型为k的每分钟可变成本,使用SGRASP算法求解C01~C06、R01~R06这12个问题,并将其与RRH算法和ALBH算法进行比较。SGRASP算法的参数保持不变。

SGRASP、RRH和ALBH 3种算法的计算结果如表4-7所示。其中,T_S和T_R分别代表SGRASP和RRH的执行时间。g_1和g_2分别代表SGRASP相对于RRH算法和ALBH算法的改进值;当g_1和g_2的值为正数时,表示算法有改进。

表4-7 SGRASP在其他FSMSBRP问题上与RRH、ALBH算法的对比

案例	总成本			执行时间(s)		改进值(%)	
	SGRASP	RRH	ALBH	T_S	T_R	g_1	g_2
C01	42189.19	44370.53	46379.03	8.98	0.86	4.92	9.03
C02	31975.16	32668.81	33150.57	2.19	0.27	2.12	3.55
C03	22012.48	24150.49	24097.23	1.41	0.22	8.85	8.65
C04	18147.20	18948.46	18440.56	0.79	0.11	4.23	1.59
C05	59632.50	64463.55	65861.34	11.17	0.95	7.49	9.46
C06	19329.76	20357.58	19816.63	0.40	0.05	5.04	2.46
R01	22884.98	25202.77	24995.03	2.69	0.26	9.20	8.44
R02	31269.18	37016.87	36378.55	3.05	0.32	15.53	14.05
R03	42929.33	45062.37	48190.42	5.71	0.38	4.73	10.92
R04	26692.28	30437.39	30838.35	1.79	0.19	12.30	13.44
R05	30641.66	34742.46	36362.83	3.48	0.26	11.80	15.73
R06	28280.67	30009.76	30833.47	4.27	0.33	5.76	8.28
平均	31332.03	33952.59	34612.00	3.83	0.35	7.67	8.80

注:① v_k取车型k的每分钟可变成本;② 使用的测试环境见本文4.1节。

从表4-7可以看出,SGRASP算法在所有案例上的总成本仍优于

RRH 算法和 ALBH 算法,而且平均总成本最小。SGRASP 相对于 RRH 和 ALBH 算法的平均改进程度分别为 7.67% 和 8.80%,单个案例上最大改进程度分别达 15.53% 和 15.73%。由此可知,针对不同成本构成方式的 FSMSBRP 问题,SGRASP 算法仍然优于现有的 HSBRP 算法,进而验证了 SGRASP 算法在求解其他 FSMSBRP 问题的适应性。

4.5 本章小结

本章针对车型混合多车型校车路径问题(FSMSBRP)进行研究,主要用于确定一组最佳的车型和路径组合。考虑到实际应用中校车是购置还是租赁,在优化目标中考虑不同的成本组成方式,分为优化目标为总成本、固定成本和可变成本的 3 种 FSMSBRP 问题。

针对 3 种 FSMSBRP 问题,在第 3 章算法框架的基础上设计一种参数自适应选择的 GRASP 算法(SGRASP)进行求解。SGRASP 算法根据迭代过程中求解的质量自适应地更改阈值参数的取值,能够有效地避免参数因过于随机或者固定而错过较好的解。在基础测试案例上进行了测试,实验结果验证了参数自适应选择优于参数随机选择和固定选择。将 SGRASP 算法与现有的 RRH 算法和 ALBH 算法相比,实验结果再次证明了 SGRASP 算法能够有效地利用搜索过程中的历史信息,提高算法的寻优能力。在 3 类 FSMSBRP 问题上,SGRASP 算法比 RRH 算法分别平均改进 5.28%、4.84% 和 7.22%,比 ALBH 算法分别平均改进 6.26%、6.02% 和 7.55%。

进一步改变 FSMSBRP 问题优化成本的构成方式,验证 SGRASP 算法在求解其他 FSMSBRP 问题上的优化性能。通过求解最复杂的 FSMSBRPFV 问题,然后将其与 RRH 算法和 ALBH 算法进行比较,结果发现 SGRASP 算法仍然具有较好的寻优能力。

5 车辆数限制的单校多车型校车路径问题

在现有车队的基础上完成校车路径规划时,每种车型的车辆数目通常是有限的,即有最大数量的限制。然而现有的 HSBRP 研究中,还未见国内外文献针对此问题进行相关研究。车辆数限制的多车型校车路径问题(HFSBRP)增加了每种车型最大车辆数的限制,使得其问题的求解难度大大增加。本章设计一种多启动迭代局部搜索算法(HILS)求解车辆数限制的单校多车型校车路径问题,并通过实验验证 HILS 的优化性能。

5.1 问题描述与定义

单校多车型校车路径问题可以描述为:校车服务场站有一组车辆类型不同的校车提供校车服务,校车从场站出发经过乘车站点将学生送到学校,每个乘车站点均有若干名学生,并且校车要在站点停留一段时间以便学生能够上车。目标是在考虑校车固定成本和校车行驶成本的情况下,找到总运营成本最小的路径安排。约束条件为:所有的校车必须从同一个场站出发,到达学校之后即完成任务配送;每个乘车站点必须被访问且只能被访问一次;任意时刻校车上的学生人数之和不能超过校车的容量;学生在校车上的乘坐时间不能超过最大乘车时间;每种类型的校车具有不同的容量、固定成本和单位可变成本,且使用的每种车型的校车数目不能超过其车型最大数量的限制。

根据以上描述,使用无向图 $G=(V,E)$ 表示多车型校车路径问题。其中,$V=\{0,1,2,3,\cdots,n,n+1\}$,代表图中所有节点的集合;$E=\{(i,j)\mid i,j\in V,i\neq j\}$,是任意两个节点之间边的集合。假定 0 代表场站,$C=\{1,2,3,\cdots,n\}$ 代表乘车站点,$n+1$ 代表学校。E 中的每一条边 (i,j)

的距离为 d_{ij}，且 $d_{ij}=d_{ji}$。每个乘车站点 i 均有一定数量的学生 q_i，并且服务时间为 t_i。每个学生在校车上的时间不能超过最大乘车时间 T。场站停放着 m 种类型的校车，车型集合 $M=\{1,2,3,\cdots,m\}$。对于车型为 k 的校车，其容量为 Q_k，固定成本为 f_k，单位可变成本为 v_k，该车型的最大数量为 h_k，并且 $f_k\geqslant 0,v_k>0,h_k>0$。

定义决策变量 x_{ijk} 表示校车 k 访问站点 i 后是否直接访问站点 j，若是则 $x_{ijk}=1$，否则 $x_{ijk}=0$；y_{ik} 表示校车 k 到达站点 i 时的累积乘车人数，$y_{0k}=0$；z_{ik} 表示校车 k 离开站点 i 的累计行驶时间（按逆序进行计算），$z_{(n+1)k}=0$。

由此，建立单校 HFSBRP 混合整型线性规划模型：

$$\min. \sum_{j\in C}\sum_{k\in M}f_k x_{ojk} + \sum_{i\in V\setminus\{n+1\}}\sum_{j\in V\setminus\{0,i\}}\sum_{k\in M}v_k d_{ij} x_{ijk} \tag{5-1}$$

$$\text{s. t.} \sum_{j\in V\setminus\{i,n+1\}}\sum_{k\in M} x_{ijk}=1, \forall i\in C, k\in M \tag{5-2}$$

$$\sum_{i\in V\setminus\{n+1\}} x_{ipk} - \sum_{j\in V\setminus\{0\}} x_{pjk}=0, \forall p\in C, k\in M \tag{5-3}$$

$$\sum_{i\in V\setminus\{0\}} x_{0ik}\leqslant h_k, ?\forall k\in M \tag{5-4}$$

$$y_{ik}\leqslant Q_k, \forall i\in V, ?k\in M \tag{5-5}$$

$$y_{ik}+q_j-y_{jk}\leqslant M_1(1-x_{ijk}), \forall i\in V\setminus\{n+1\}, j\in V\setminus\{0,i\}, ?k\in M \tag{5-6}$$

$$z_{ik}\leqslant T, \forall i\in V/\{0\}, k\in M \tag{5-7}$$

$$z_{jk}+t_{ij}+t_i-z_{ik}\leqslant M_2(1-x_{ijk}), \forall i\in V\setminus\{n+1\}, j\in V\setminus\{i\}, ?k\in M \tag{5-8}$$

$$x_{ijk}\in\{0,1\}, \forall i\in V\setminus\{n+1\}, j\in V\setminus\{0,i\}, ?k\in M \tag{5-9}$$

$$y_{ik}\in\{0,1,2,\cdots\}, \forall i\in V, ?k\in M \tag{5-10}$$

$$z_{ik}\in\{0,1,2,\cdots\}, \forall i\in V, ?k\in M \tag{5-11}$$

其中，函数 5-1 表示优化目标为总运营成本最小。HFSBRP 有考虑固定成本和可变成本的 HFSBRPFV（$f_k\neq 0,v_k\neq 0$）和仅考虑可变成本的 HFSBRPV（$f_k=0,v_k\neq 0$）两种变体。约束 5-2 限定每一个学生站点都必须有一辆校车提供服务，并且只允许被访问一次。约束 5-3 保证若一辆校车访问某一个学生站点之后,该校车必须离开。约束 5-4 保证每种车型的校车不能超过其最大车辆数。约束 5-5 保证任何时刻,校车上乘坐的学生人数不能超过车辆的容量。约束 5-6 表示两个连续站点的容量累积关系。若校车 k 访问站点 i 后立即访问站点 j($x_{ijk}=1$),校车容量满足 $(y_{ik}+q_j)x_{ijk}=y_{jk}$;其他情况下($x_{ijk}=0$),则 $(y_{ik}+q_j)x_{ijk} \leqslant y_{jk}$。因此采用非线性不等式 $(y_{ik}+q_j)x_{ijk} \leqslant y_{jk}$ 表达站点间的容量累积关系,引入一个较大的正整数 M_1 将其转换为线性不等式 5-6。约束 5-7 表示所有学生的最大乘车时间不能超过最大值 T。约束 5-8 表示两个连续站点的校车运行时间积累,用约束 5-6 通过引入较大整数 M_2 将非线性不等式 $(z_{ik}+t_{ij}+t_i)x_{ijk} \leqslant z_{jk}$ 转换为线性不等式。约束 5-6 和 5-8 均能够消除不经过车场和学校的闭合回路。约束 5-9、5-10 和 5-11 分别限定决策变量 x_{ijk}、y_{ik} 和 z_{ik} 的取值。

5.2 算法设计

迭代局部搜索算法(ILS)是一种邻域搜索元启发算法。ILS 由初始解构造、局部搜索、扰动和接受规则 4 部分组成。标准的 ILS 算法从问题的初始解出发,通过扰动更改每次搜索的起点。由于 ILS 具有简单有效、易与其他算法混合等优点,在车辆路径问题、车间调度问题等多个领域应用非常广泛[43,213,214]。

本章设计一种多启动 ILS 算法(HILS)求解 HFSBRP 问题。HILS 算法在标准 ILS 算法的基础上通过增加外层循环提供多个初始解;使用邻域随机排序的可变邻域下降(VND)过程深化 ILS 的局部搜索过程,并使用基于偏差系数的接受策略允许接受较差的解,以保证算法的多样性。每次对接受的解使用多点交换和多点移动扰动方法进行扰动,避免算法过早地陷入局部最优。

HILS 算法的流程如算法 5-1 所示。第(1)和(2)行完成信息的初始化。第(3)~(18)行表示循环主体,其中第(5)和(6)行根据随机选择的初始解构造策略,构造问题的初始解;第(7)行表示内部循环次数取决于

问题规模和参数 β；第(8)~(13)行完成 ILS 的局部寻优，其中第(11)行使用基于偏差系数的接受规则接受邻域解，第(12)行从多种扰动方法中随机选一种进行局部最优解的扰动；第(14)~(17)行实现最好解 S* 的更新；第(18)行输出全部最好解。

算法 5-1　多启动 HILS 算法

```
输入：外层迭代次数 outerIter、参数 β、偏差系数 deviation、搜索规则 rules
(1) f* = +∞; S* = Null;
(2) Initialize();//读取车型信息并完成初始化
(3) for(int i=0;i<outer;i++)
(4) {
(5)   inserttype=GetStrategy();//随机选择初始解构造插入策略
(6)   S₀=ConstructionSolution(inserttype);//根据插入策略构造初始解
(7)   innerIter=Compute(S₀,β);
(8)   S_b=S_c=S₀;
(9)     for(int j=0;j<innerIter;j++)
(10)  S_b=RVND(S_c,rules);//使用随机邻域排序的 VND 局部提升
(11)      S_b=Acceptance(S_b,S_c,deviation);//使用基于偏差系数的接受规则
(12)      S_c=Perturbation(S_b);//扰动局部最优解
(13) }//end for j
(14)     if( f(S_b) < f* ) {
(15) f* = f(S_b);
(16)         S* = S_b;
(17)     }//end if
(18) }//end for i
输出：全局最好解 S*
```

5.2.1　初始解构造

HFSBRP 因每种车型有最大车辆数限制，且校车路径有最大乘车时间的约束，使得节约法、扫描法等经典的初始解构造方法并不容易得到可

行的初始解。为此,本文设计了一种基于最廉价成本的插入构造方法,提供串行插入和并行插入两种策略。具体构造过程如下:

(1) 初始化所有站点的集合 U,设初始解 $S = \Phi$。

(2) 根据当前所有的车型总数目 v,构造 v 条 $0-s$ 路径,并为每条路径分配车型,而后将其放入 S。其中,0 和 s 分别表示场站和学校。

(3) 针对当前 S 中的每一条路径,从 U 中选择 1 个节点 i 插入到路径中,构成 $0-i-s$ 形式的路径,并将选中的站点 i 从 U 中移除。循环执行此步骤,直到形成 v 条 $0-i-s$ 路径。具体插入时先将站点按照容量降序排列,随机选择 $2/3$ 的大站点放入车型容量较大的路径中,再随机选择其他节点放入其他路径中,插入过程中保证每条路径都是 $0-i-s$ 的形式,且不违反车型容量约束。

(4) 随机选择一种插入策略,从 U 中选择待插入到 S 中的站点 j 及其目标路径 dr。假设 $\Delta f(k,r)$ 代表将站点 k 以最廉价方式插入到 S 中路径 r 增加的成本值,$\Delta f(k,r) = \infty$ 时表示 k 不能插入到路径 r 中。二元组 (j, dr) 表示选中的站点 j 及其要插入的目标路径 dr。

① 并行插入策略:考虑 S 中的所有路径,寻找 U 中能够以最廉价成本插入到 S 中的站点 j 和 dr,并完成插入操作。此时,二元组 $(j, dr) \leftarrow \min\{\Delta f(k,r)\}, k \in U, r \in S$。

② 串行插入策略:首先针对 S 中的每一条路径 r,计算插入到 r 上的最廉价成本及其对应的站点等信息。使用二元组 (m, r) 表示要插入的路径 r 的站点 m,则 $(m, r) \leftarrow \min\{\Delta f(k,r)\}, k \in U$。然后,从这 v 个二元组中找出插入成本最小的二元组 (j, dr) 完成站点 j 插入到路径 dr 的操作。此时,二元组 $(j, dr) \leftarrow \min\{\Delta f(m,r)\}, m \in U, r \in S$。

根据找到的二元组 (j, dr),将站点 j 插入到目标路径 dr 中,同时将 j 从 U 中移除。若 $\min\{\Delta f(k,r)\} = \infty$,表示不存在这样的二元组,跳转到步骤(1),重新开始构造初始解。

(5) 若 U 不为空,跳转到(4)继续执行,直到初始解 S 构造完成。

当问题的约束条件较紧时,虽然需要多次尝试才能获得初始解,但该算法克服了常见的经典算法无法获得可行解的局限性。步骤(3)中站点随机选择,以及步骤(4)中插入策略的随机选择,使所构造的初始解具有随机性,从而有利于增强邻域解的多样性。

5.2.2 局部搜索

可变邻域下降(Variable Neighborhood Descent,VND)是变邻域搜索(VNS)的一种,它能够在给定的若干个邻域上快速寻优。本文使用一种邻域随机选择的 VND 算法(RVND)[71]完成局部搜索。RVND 与常规 VND 的不同之处在于:每次随机选择一个邻域进行操作,若当前解有所提升,则继续使用此算子;当使用该邻域操作不能再对解进行提升时,将其从邻域列表中移除。迭代执行,直到邻域列表为空。

RVND 的执行流程如下:

(1) 初始化邻域集合 $NL = \{N_1, N_2, \cdots, N_{k_{max}}\}$,邻域下标 m,当前解 S_c。

(2) 随机选择一个邻域 N_m($1 \leqslant m \leqslant k_{max}$)。

(3) 使用 N_m 对 S_c 进行提升,找到在此邻域内的最好解 S_c^*($S_c^* \in N_m(S_c)$)。

(4) 若 S_c^* 优于 S_c,或者 S_c^* 与 S_c 的成本值之差在一定偏差范围内,设置 $S_c = S_c^*$,同时跳转到(3),然后将 N_m 从 NL 中移除。

(5) 若 NL 不为空,跳转到(2)继续执行;否则,执行结束返回 S_c。

邻域集合 NL 由 Shift(1,0)、Swap(1,1)、Shift(2,0)、Swap(1,2)、Swap(2,2)和 Cross 6 个路径间邻域算子组成。在每个路径间邻域提升解时,再使用 2-opt 路径内算子对提升的路径继续优化。邻域搜索过程中,对于每次发现的邻域解,使用算法框架内提供的提高车辆满载率(VUS)策略和缩减路径数(MNS)策略判定是否接受邻域解。

局部搜索过程中还允许调整路径上的车型。若某个站点移动过程中,一条路径上的学生总数超过了车辆的容量,则允许将车型调大以保证解的可行性;若能够使用一辆较小容量的车服务当前路径,则将车型调小。这样做的目的是搜索过程中在保证解的多样性的同时能够降低路径的总成本。

5.3 算法复杂度分析

假设 HILS 算法的外层迭代次数为 M,问题规模为 N,内层迭代次数为 L,其中 L 与问题规模和总车型的数量 v 有关,即 $L = N + \beta * v(\beta, v$ 均为常数)。按照一次迭代过程分析算法的时间复杂度,一次迭代要执行初始解构造、邻域搜索和扰动等步骤。初始解构造最多尝试次数为 $P(P$ 为常数),初始解中共有 v 条路径,平均每条路径上有 $\left\lceil \dfrac{N}{v} \right\rceil$ 个点,将 N 个点插入到路径上的时间复杂度为 $O(N^2/v)$,由此可知初始解构造函数的时间复杂度为 $P * O(N^2/v)$。邻域搜索 VND 中包含 6 个邻域间操作算子,其时间复杂度均为 $O(N^2)$[43,213];当路径间操作算子有提升时继续执行 2-opt 算子,故一个邻域操作最长执行时间的复杂度仍为 $O(N^2)$,所以 VND 的最长执行时间的复杂度为 $O(6 * 2 * N^2)$。多点移动和多点交换扰动的时间复杂度仍为 $O(N^2)$。由此可知,HILS 算法的复杂度为 $M * (N + \beta * v)[P * O(N^2/v) + O(12 * N^2) + O(N^2)] \approx M * P * O(N^3)$。

5.4 实验与结果分析

使用第 4 章表 4-1 中的测试案例,分别测试 HFSBRPFV 和 HFSBRPV 两类 HFSBRP 问题。由于首次研究 HFSBRP 问题,本节使用 CPLEX 12.6 优化软件对问题模型进行求解以评估本章算法设计的性能。对所有的测试案例构建本章 5.1 定义的整型规划模型,使用 CPLEX 12.6 优化软件进行求解。CPLEX 12.6 的运行环境、参数取值以及 MIP 模型的参数取值与第 4 章相同,此处不再详细描述。

HILS 算法的参数设置如下:外层迭代次数 5 次,邻域大小 $nbsize = \min\{n, 30\}$,内层循环次数参考 Penna 等[71]设计的循环次数与问题规模 n

5 车辆数限制的单校多车型校车路径问题

和车型总数目 v 的关系,定义为 $n+\beta\times v$,参数 β 取值为 5(实验的最好值),偏差系数为 10^{-5},扰动节点数取为 $0.2*n$。每个案例运行 10 次。

5.4.1 实验结果

使用 HILS 算法分别求解 HFSBRPFV 和 HFSBRPV 两类问题,统计结果如表 5-1 和 5-2 所示。

表 5-1 优化目标为总成本的 HFSBRP 问题的运算结果

案例	CPLEX	HILS					
		C_{best}	C_{avg}	$C_{dev}(\%)$	$T_{avg}(s)$	Fleet	$CUR(\%)$
S01	5062.57*	5062.57*	5062.57*	0.00	0.01	1A2B0C	96.15
S02	7135.77*	7135.77*	7135.77*	0.00	0.03	0A2B1C	83.00
S03	3386.92*	3386.92*	3387.26	0.01	0.02	1A1B1C	81.67
S04	6469.90*	6469.90*	6470.60	0.11	0.06	1A1B2C	95.50
S05	3567.46*	3567.46*	3567.46*	0.00	0.02	2A1B0C	72.50
S06	6261.82*	6261.82*	6262.44	0.01	0.09	1A2B2C	90.67
S07	6122.95*	6122.95*	6122.95*	0.00	0.01	1A2B0C	80.00
S08	4894.26*	4894.26*	4894.26*	0.00	0.01	2A1B0C	89.73
C01	—	40232.22	40622.15	0.98	13.21	5A3B9C	93.86
C02	35178.81	32534.25	32537.39	0.01	1.62	3A5B4C	95.20
C03	—	22272.97	22276.01	0.02	1.05	2A3B4C	94.62
C04	18297.01	18297.01	18297.90	0.02	1.88	2A5B2C	93.49
C05	—	57235.62	57797.38	1.41	17.19	0A13B5C	98.76
C06	18776.70*	18776.70*	18777.96	0.01	0.19	2A1B4C	98.82
R01	—	23427.37	23513.21	0.49	1.39	1A4B5C	96.44
R02	—	32084.35	32161.79	0.72	1.43	2A2B6C	96.03
R03	—	43138.28	43147.55	0.01	3.27	2A2B9C	98.02
R04	—	26432.51	26713.57	0.59	2.61	5A3B3C	91.83
R05	—	31209.32	31440.92	0.78	2.99	3A5B2C	98.21
R06	—	28085.49	28376.32	1.94	2.49	4A1B6C	98.46
平均	—	20831.39	20928.27	0.36	2.45	—	92.15

表中"CPLEX"列表示 CPLEX 在指定时间内找到的解,"*"表示 CPLEX 验证的最优解,"—"表示在 CPLEX 指定时间内未找到可行解,C_{best} 和 C_{avg} 分别代表 HILS 算法发现的最好解和平均解,C_{dev} 代表标准差系数,T_{avg} 表示案例运行 10 次的平均运行时间;Fleet 和 CUR 分别为最好解 C_{best} 对应的车型组合和车辆的满载率(%)。

表 5-2　优化目标为可变成本的 HFSBRP 问题的运算结果

案例	CPLEX	HILS					
		C_{best}	C_{avg}	$C_{dev}(\%)$	$T_{avg}(s)$	Fleet	$CUR(\%)$
S01	62.57*	62.57*	62.74	0.54	0.01	1A2B0C	96.15
S02	135.77*	135.77*	137.12	0.81	0.03	0A2B1C	83.00
S03	86.93*	86.93*	87.61	0.82	0.02	1A1B1C	81.67
S04	169.90*	169.90*	170.35	0.83	0.05	1A1B2C	95.50
S05	67.46*	67.46*	67.98	0.95	0.07	2A1B0C	72.50
S06	161.82*	161.82*	162.55	0.88	0.08	1A2B2C	90.67
S07	122.95*	122.95*	122.95*	0.00	0.01	1A2B0C	80.00
S08	94.26*	94.26*	94.26*	0.00	0.01	2A1B0C	89.73
C01	—	726.90	734.84	0.56	11.71	4A5B8C	94.16
C02	—	433.43	435.90	1.22	1.56	3A5B4C	95.20
C03	—	373.09	378.04	1.27	0.97	2A3B4C	94.62
C04	297.01	297.64	297.65	0.002	1.27	2A5B2C	93.49
C05	—	720.05	729.97	1.40	15.67	3A10B6C	97.89
C06	275.06*	275.06*	275.37	0.33	0.19	1A2B4C	96.00
R01	—	396.56	400.54	2.01	1.49	1A3B6C	93.28
R02	—	264.71	265.91	0.23	1.66	2A4B5C	91.31
R03	—	632.15	645.49	1.21	3.45	2A2B9C	98.02
R04	—	327.90	333.02	1.33	2.19	4A4B3C	88.96
R05	—	402.51	409.82	1.88	3.11	2A6B2C	94.83
R06	—	378.26	388.06	1.26	2.57	2A3B6C	94.81
平均		306.50	310.01	0.88	2.31	—	91.09

由表 5-1 的实验结果可知：① 对于 HFSBRPFV 问题，CPLEX 能够求解小规模案例（S01~S08）并能获得最优解。② 对于案例 R01~R06 和 C01~C06，CPLEX 能够找到 C06 的最优解。另外，C02 和 C04 两个案例能够在 7200 秒内找到可行解，而其余案例均无法找到一个可行解。由①②进一步可知本文基于车型构建模型，并按逆序计算车辆行驶时间是可行的；同时也说明该模型的数学求解相当困难。③ HILS 算法在 CPLEX 能够找到最优解的案例上均发现了最优解，而对于 CPLEX 仅能发现可行解的 C02 案例，HILS 相对于 CPLEX 提升了 7.52%。对于 CPLEX 找到最优解的案例，HILS 能够在较短的时间找到最优解。HILS 算法在所有案例上的平均车辆利用率为 92.15%，部分案例（C05、C06、R03、R05 和 R06）的车辆利用率在 98% 以上。④ HILS 在所有案例上的标准差系数平均为 0.36%，算法相对比较稳定。

由表 5-2 的实验结果可知：① 对于 HFSBRPV 问题，CPLEX 能够求

5 车辆数限制的单校多车型校车路径问题

解小规模案例(S01～S08),并能获得最优解。② 对于案例 R01～R06 和 C01～C06,CPLEX 能够找到 C06 的最优解。另外,C04 案例能够在 7200 秒内找到可行解,而其余案例均无法找到一个可行解。尽管 HFSBRPV 问题仅考虑可变成本,但并没有降低问题的求解难度,基于模型进行求解仍然非常困难。③ HILS 算法能够在较短的时间找到问题的解,平均仅需 2.31 秒。所有案例的平均车辆利用率为 91.09%,部分案例(R03)的车辆利用率高达 98% 以上。此外,HILS 算法找到了 CPLEX 验证的所有已知最优解。④ HILS 算法稳定性较好,大部分案例的标准差在 2% 以内,在所有案例上的标准差系数平均为 0.88%。

综合表 5-1 和 5-2 的实验数据可以得出以下结论:基于模型直接求解 HFSBRP 问题非常困难,CPLEX 优化软件仅能求解小规模的案例,HILS 算法能够在较短的时间求解 HFSBRP 且算法的稳定性较好。

5.4.2 算法比较

由于目前尚无文献研究 HFSBRP,因此将本文设计的 HILS 与以下 3 种 ILS 算法进行比较:① 邻域算子按固定顺序执行的 ILS 算法(记为 ILS_FLS);② 采用邻域算子随机选择的 ILS 算法(记为 ILS_RLS);③ 局部搜索使用标准 VND 的 ILS 算法(记为 ILS_BVND)。分别使用这 4 种算法求解 HFSBRPFV 和 HFSBRPV 两类问题,4 种算法采用相同的参数设置,随机运行 10 次,统计其最好解。

(1) HFSBRPFV 问题

HILS 与 3 种 ILS 算法求解 HFSBRPFV 的统计结果如表 5-3 所示。本表及后续表中最优解用"*"标注,g_1、g_2 和 g_3 分别表示 HILS 相对于 ILS_FLS、ILS_RLS 和 ILS_BVND 的改进程度。

表 5-3 4 种 ILS 算法的比较(优化目标:总成本)

案例	总成本				改进程度(%)		
	HILS	ILS_FLS	ILS_RLS	ILS_BVND	g_1	g_2	g_3
S01	5062.57*	5062.57*	5062.57*	5062.57*	0.00	0.00	0.00
S02	7135.77*	7135.77*	7135.77*	7135.77*	0.00	0.00	0.00
S03	3386.92*	3386.92*	3386.92*	3386.92*	0.00	0.00	0.00
S04	6469.90*	6469.90*	6469.90*	6469.90*	0.00	0.00	0.00
S05	3567.46*	3567.46*	3567.46*	3567.46*	0.00	0.00	0.00
S06	6261.82*	6261.82*	6261.82*	6261.82*	0.00	0.00	0.00
S07	6122.95*	6122.95*	6122.95*	6122.95*	0.00	0.00	0.00
S08	4894.26*	4894.26*	4894.26*	4894.26*	0.00	0.00	0.00
C01	40232.22	40727.01	40732.60	40724.49	1.21	1.23	1.21
C02	32534.25	32546.98	32539.79	32536.70	0.04	0.02	0.01
C03	22272.97	22278.79	22276.43	22273.22	0.03	0.02	0.00
C04	18297.01	18297.01	18297.01	18297.65	0.00	0.00	0.00
C05	57235.62	57732.87	57730.70	57735.35	0.86	0.86	0.87
C06	18776.70*	18776.77	18776.70*	18776.70*	0.00	0.00	0.00
R01	23427.37	23718.18	23714.06	23701.01	1.23	1.21	1.15
R02	32084.35	32103.08	32209.98	32098.61	0.06	0.39	0.04
R03	43138.28	43182.64	43174.66	43146.55	0.10	0.08	0.02
R04	26432.51	27150.34	26432.69	26432.63	2.64	0.00	0.00
R05	31209.32	31215.12	31228.18	31216.04	0.02	0.06	0.02
R06	28085.49	28122.24	28116.34	28090.96	0.13	0.11	0.02
平均	20831.39[a]	20937.63[a]	20906.54[a]	20896.58[a]	0.31[a]	0.20[a]	0.17[a]
	31143.84[b]	31320.92[b]	31269.10[b]	31252.49[b]	0.53[b]	0.33[b]	0.28[b]

注:a 表示所有案例的平均值;b 表示 C01~C06 和 R01~R06 的平均值。

由表 5-3 可以看出:对于 HFSBRPFV 问题,HILS 在所有案例上拥有最好的平均解,且 HILS 发现了所有的已知最优解。相对于 ILS_FLS、ILS_RLS 和 ILS_BVND,HILS 算法在所有案例上的求解质量分别平均提升了 0.31%、0.20% 和 0.17%。对于小规模案例 S01~S08,HILS 算法和其他 3 种 ILS 算法的求解性能相当;而在较大规模案例 C01~C06 和 R01~R06 上 HILS 算法的性能要优于其他 3 种算法,求解质量分别平均提升了 0.53%、0.33% 和 0.28%,单个案例上最大提升高达 2.64%。由此可以看出,HILS 算法在较大规模案例上求解比较有优势。

(2) HFSBRPV 问题

HILS 算法和其他 3 种 ILS 算法求解 HFSBRPV 的结果如表 5-4 所示,表中 g_1、g_2、g_3 的含义同表 5-3。

5 车辆数限制的单校多车型校车路径问题

表 5-4　4 种 ILS 算法的比较(优化目标:可变成本)

案例	可变成本				改进程度(%)		
	HILS	ILS_FLS	ILS_RLS	ILS_BVND	g_1	g_2	g_3
S01	62.57*	62.57*	62.57*	62.57*	0.00	0.00	0.00
S02	135.77*	135.77*	150.68	135.77*	0.00	9.90	0.00
S03	86.93*	86.93*	86.93*	86.93*	0.00	0.00	0.00
S04	169.90*	171.36	169.90*	188.44	0.85	0.00	9.84
S05	67.46*	67.46*	67.46*	67.46*	0.00	0.00	0.00
S06	161.82*	161.82*	161.82*	161.82*	0.00	0.00	0.00
S07	122.95*	122.95*	122.95*	122.95*	0.00	0.00	0.00
S08	94.26*	98.62	94.26*	94.26*	4.42	0.00	0.00
C01	726.90	739.34	729.77	733.48	1.68	0.39	0.90
C02	433.43	444.83	438.97	437.26	2.56	1.26	0.88
C03	373.09	377.53	373.09	381.04	1.18	0.00	2.09
C04	297.64	308.60	301.69	300.42	3.55	1.34	0.93
C05	720.05	727.49	721.32	730.26	1.02	0.18	1.40
C06	275.06*	281.04	282.70	275.07	2.13	2.70	0.00
R01	396.56	422.02	402.20	401.36	6.03	1.40	1.20
R02	264.71	289.79	279.24	273.88	8.65	5.20	3.35
R03	632.15	686.13	670.18	639.78	7.87	5.67	1.19
R04	327.90	348.02	335.22	331.58	5.78	2.18	1.11
R05	402.51	428.47	421.04	416.09	6.06	4.40	3.26
R06	378.26	402.85	405.12	390.93	6.10	6.63	3.24
平均	306.50[a]	318.18[a]	313.86[a]	311.57[a]	2.89[a]	2.06[a]	1.47[a]
	435.69[b]	454.68[b]	446.71[b]	442.60[b]	4.39[b]	2.61[b]	1.63[b]

注:a 表示所有案例的平均值;b 表示 C01~C06 和 R01~R06 的平均值。

由表 5-4 的实验结果可知:① HILS 算法在求解 HFSBRPV 问题上优于其他 3 种 ILS 算法。HILS 算法在所有案例上拥有最好的平均解,且 HILS 发现了所有的已知最优解。② HILS 算法相对于 ILS_FLS、ILS_RLS 和 ILS_BVND 的提升效果比较明显。在所有案例上,HILS 算法的求解质量分别平均提升了 2.89%、2.06% 和 1.47%,在较大规模案例上则分别平均提升了 4.39%、2.61% 和 1.63%,单个案例上最大提升达到 9.90%。实验结果再次证明 HILS 算法在大规模案例求解上的优势。

进一步统计 4 种算法在两类问题上的平均执行时间,统计结果如表 5-5 所示。

表 5-5　4 种 ILS 算法在所有案例上的平均执行时间(s)

HFSBRP 变体	HILS	ILS_GLS	ILS_RLS	ILS_BVND
HFSBRPFV	2.45	2.37	2.41	2.39
HFSBRPV	2.31	2.04	2.01	2.08

综合表 5-3、表 5-4 和表 5-5 可以看出，HILS 算法在求解两类 HFSBRP 问题中表现的性能最优。而在运算时间上，HILS 算法与其他 3 种算法基本相当。从问题规模上来看，HILS 算法在小规模案例（S01～S08）上与其他 3 种 ILS 算法基本相当；而问题规模增大时，HILS 算法明显优于其他 3 种 ILS 算法。这说明 HILS 在求解较大规模问题上具有优势。在 4 种 ILS 算法中，HILS 和 ILS_BVND 的求解质量均优于 ILS_FLS 和 ILS_RLS，原因在于这 2 种算法的局部搜索过程中混合了 VND 算法，能够充分发挥 VND 的优势，这也说明混合算法比单一算法好。HILS 算法优于 ILS_BVND，其原因在于 VND 搜索过程中使用随机邻域排序能够增加邻域选择的多样性，为后续搜索提供更多的可能。

5.4.3 邻域解接受策略对算法的影响

邻域解接受策略能够引导算法搜索的轨迹。为评估邻域解接受策略对算法的影响，在 HILS 算法框架下，分别使用 MNS 策略、VUS 策略以及本文算法使用的混合策略（MNS+VUS）对所有的案例进行求解，统计 3 种策略下算法的平均解、发现最好解和最优解的数目以及总执行时间等信息，结果如表 5-6 所示。

表 5-6　不同邻域解接受策略求解效果对比

衡量指标	HFSBRPFV			HFSBRPV		
	MNS	VUS	MNS+VUS	MNS	VUS	MNS+VUS
平均解	21805.37	21557.23	20831.39	317.75	316.19	306.50
发现最好解数目	5	6	20	7	7	20
发现最优解数目	5	6	9	6	6	9
总执行时间(s)	43.30	45.56	49.00	39.62	41.12	42.20

由表 5-6 可知，使用 MNS+VUS 混合策略在平均解、发现最好解和最优解的数目上优于单独使用 MNS 策略或 VUS 策略，在总运算时间上基本相当。对于 HFSBRPFV 和 HFSBRPV 两类问题，使用 MNS+VUS

混合策略提升比较明显。VUS 策略优于 MNS 策略,原因在于 VUS 侧重于提高车辆的利用率,本质上也能减少路径数目;MNS 策略只关注路径数目的减少,有可能倾向于使用大车以减少路径数,进而导致总成本很难减少。MNS+VUS 混合策略能够考虑到车型与成本之间的关系,在缩减路径数的同时尽可能地提高车辆的利用率,从而能够在搜索过程中发现更好的解。

5.5 本章小结

车辆数限制多车型校车路径问题(HFSBRP)是在已知车型组合的情况下,确定校车的最佳行驶路径,使得总成本最低。因 HFSBRP 的每种车型的车辆数目是限制的,其求解难度大大提升,目前尚无文献研究 HFSBRP。

本文首次研究 HFSBRP 及其变体,建立其数学模型,并提出一种 ILS 算法(HILS)进行求解。该算法在标准 ILS 基础上增加外层循环提供多个初始解,并使用改进 VND 算法随机选择邻域,进行局部提升。为保证算法的多样性,允许接受一定偏差范围的解。在国际基准测试案例上进行算法的测试,对 HILS 算法进行验证。实验结果表明,HILS 在求解优化目标为总成本和可变成本的两类 HFSBRP 问题上均表现出良好的稳定性。

将 HILS 算法与其他 3 种 ILS 算法进行比较。实验结果表明,在 ILS 算法内混合使用邻域随机排序的 VND 局部搜索过程要优于邻域固定排序的 VND,在 ILS 内混合使用 VND 的优化效果则优于一般邻域搜索过程。通过测试邻域解搜索策略对 HILS 算法的影响,实验结果发现混合使用最小车辆数和提高车辆利用率两种邻域解接受策略,好过单一使用任何一种策略。

6 多校多车型校车路径问题

为一个地区提供校车服务时,多个学校联合运营能够有效地降低运营成本。然而,多校校车路径问题比单校问题约束更多,求解非常困难。已有学者针对使用单一车型的不混载和混载模式下的多校 SBRP 进行了相关的研究,但有关多校多车型 SBRP 问题的研究较少。本章将多校多车型 SBRP 当作一类特殊的多车型带时间窗的装卸一体化问题(PDPTW),首先探讨其数学模型,然后设计一种迭代局部搜索元启发算法(ILS),统一求解不混载和混载模式下的多校多车型 SBRP 问题。

6.1 问题描述与定义

假设某个学区内已有校车场站、若干所学校、若干个乘车站点、学生和道路网络等数据。某校车服务公司有一组容量和成本各异的校车车队停放在校车场站,每个乘车站点均有一定数量的乘车学生,这些学生可以由到达不同学校的学生组成。场站、学校、乘车站点等任意两者之间的运行距离和运行时间已知。基于以上假设,要求:校车从场站出发经过乘车站点并在学校开学时间内将学生送到学校,每个学生在乘车站点有上车的最早时间和最晚时间的限制。一辆校车能够为多个学校提供服务,在乘车站点需要停留一段时间以便学生能够上车,校车到达某个学校时要停留一段时间以便学生下车。目标是找到总成本最小(固定成本和总行驶距离)的路径安排。约束条件为:所有的校车必须从场站出发,将乘车站点的学生送到其对应的学校即完成任务配送;每个乘车站点必须被访问且只允许被访问一次;任意时刻校车上的学生人数之和不能超过校车的容量;任何学生从乘车站点到其学校的时间不能超过最大乘车时间;校车必须在学校规定的时间内到达；不同类型的校车具有不同的容量和固定成本。

根据以上问题描述，定义建立问题模型所需要的数学符号，如表 6-1 所示。

表 6-1 数学模型中使用的符号

参数	含义
P^+	学生站点集合
P^-	学校站点集合
P	学生站点和学校站点的并集，即 $P = P^+ \cup P^-$
D	场站
V	所有站点，包括学生站点、学校站点和场站，即 $V = P \cup D$
$s(i)$	学生站点 i 所对应的学校站点，$i \in P^+$ 且 $s(i) \in P^-$
M	车型集合 $M = \{1, 2, 3, \cdots, k\}$
Q_k	车型 k 的容量，$k \in M$
f_k	车型 k 的固定成本
T	学生的最大乘车时间
d_{ij}	站点 i 到站点 j 的行驶距离，$i, j \in V$
t_{ij}	站点 i 到站点 j 的行驶时间，$i, j \in V$
e_i, l_i	站点的最早到达时间和最晚到达时间，$i, j \in V$
q_i	站点 i 上（下）车的学生人数，$i \in P$
st_i	站点 i 所需要的服务时间（上车或下车），$i \in P$
决策变量	
x_{ijk}	如果车型为 k 的校车经过站点 i 到 j 则为 1，否则为 0
y_{ik}	如果车型为 k 的校车访问站点 i 则为 1，否则为 0
T_{ik}	车型为 k 的校车到达站点 i 的时间
L_{ik}	车型为 k 的校车访问站点 i 后车上的学生人数

在文献 Park 等[6]和党兰学[10]的多校单车型 SBRP 的问题模型上，定义本文研究的多校多车型 SBRP 的混合整型规划模型。

$$\min. \quad f(x) = \sum_{j \in P^+} \sum_{k \in M} f_k x_{0jk} + \sum_{i \in V} \sum_{j \in V} \sum_{k \in M} x_{ijk} d_{ij} \qquad (6\text{-}1)$$

$$\text{s. t.} \quad \sum_{k \in M} y_{ik} = 1, \forall i \in P^+ \qquad (6\text{-}2)$$

$$\sum_{j \in V} x_{ijk} - \sum_{j \in V} x_{jik} = 0, \forall i \in P, k \in M \qquad (6\text{-}3)$$

$$\sum_{j \in V} x_{jik} - \sum_{j \in V} x_{js(i)k} = 0, \forall i \in P^+, s(i) \in P^-, k \in M \qquad (6\text{-}4)$$

$$T_{ik} + st_i + t_{is(i)} \leqslant T_{s(i)k}, \forall i \in P^+, s(i) \in P^-, k \in M \qquad (6\text{-}5)$$

$$\sum_{j \in P} x_{j0k} = \sum_{j \in P} x_{0jk} = 1, \forall k \in M \tag{6-6}$$

$$L_{ik} = 0, \forall k \in M, i = D \tag{6-7}$$

$$q_i \leqslant L_{ik} \leqslant Q_k, \forall i \in P^+, k \in M \tag{6-8}$$

$$0 \leqslant L_{s(i)k} \leqslant Q_k - q_i, \forall i \in P^+, s(i) \in P^-, k \in M \tag{6-9}$$

$$0 \leqslant L_{jk} \leqslant Q_k - \sum_{s(i)=j} x_{ijk} q_i, \forall i \in P^+, k \in M \tag{6-10}$$

$$T_{s(i)k} - T_{ik} \leqslant T, \forall i \in P^+, k \in M \tag{6-11}$$

$$e_i \leqslant T_{ik} \leqslant l_i, \forall i \in V, k \in M \tag{6-12}$$

$$x_{ijk} \in \{0,1\}, \forall i,j \in P, k \in M \tag{6-13}$$

$$y_{ij} \in \{0,1\}, \forall i,j \in P \tag{6-14}$$

函数 6-1 是问题的优化目标——总成本（即所有车辆的固定成本与总运营里程之和）最小。约束 6-2 限定所有的学生都必须有校车提供服务且仅有一辆校车提供服务。约束 6-3 保证一辆校车驶入站点 i 之后必须离开。约束 6-4 确保访问某乘车站点的校车必须要访问该站点对应的学校。约束 6-5 限制校车的访问顺序，即校车必须先访问乘车站点，然后才能访问其对应的学校站点。约束 6-6 限定所有的校车从场站出发，最后又回到场站。约束 6-7 表示校车从场站出发时车上没有学生。约束 6-8 表示任何时刻校车上的学生人数都不能超过当前使用车型的容量。约束 6-9 表示车辆经过学校站点时车上学生人数的变化。约束 6-10 表示经过连续站点时校车容量的变化。若站点 j 是学校，则 q_j 为负值即表示到该学校下车的学生人数之和。约束 6-11 表示任何学生从其乘车站点到学校的时间均不超过最大乘车时间 T。约束 6-12 限制校车到达站点的时间不能超过其时间窗。约束 6-13 和约束 6-14 分别限定决策变量 x_{ijk} 和 y_{ik} 的取值范围。

6.2 算法设计

6.2.1 设计思路

服务多个学校的校车运营模式中,包含混载(MixLoad)和不混载(SingleLoad)2种模式。混载是允许不同学校的学生搭乘同一辆校车,不混载则是校车服务完一个学校之后再服务另外一个学校。从问题求解角度来看,不混载可以认为是混载的一种特例,即在混载的基础上限定同一时刻校车上不能有到其他学校的学生。无论是哪种运营模式,在路径安排时均非常复杂,需要考虑路径的构成和多种约束条件。多校 SBRP 的一条路径由乘车站点及其对应的学校组成,并且学校的个数也可能是多个。学生从乘车站点上车,然后到达其指定的学校下车,不仅需要满足校车容量的约束,而且还要确保学生不能在校车上待过长时间,同时还要在学校指定的开学时间内到达学校。

由于多校 SBRP 问题的复杂性,采用简单构造启发算法获得的解其质量很有限。也有学者[6,9,200]在研究中采用先规划单校路径而后再进行合并的分阶段算法;这种方法求解相对较为简单,但求解质量依赖于前期路径合并的结果。从多校 SBRP 的问题描述上来看,每个学生乘车站点和其对应的学校构成了一个"取货和送货"的站点对,这与装卸一体化车辆路径问题(PDP)类似。与 PDP 不同的是,多个乘车站点可以对应一个学校,不是 PDP 中典型的一对一的关系。鉴于多校 SBRP 与 PDP 问题的相似性,也有学者采用全局优化的方法将多校 SBRP 作为一类 PDP 问题统一求解[10]。为此,本文采用基于 PDP 的统一求解方法求解多校多车型 SBRP 问题。

针对多校多车型 SBRP 问题,本文首先将其转换为多车型的 PDPTW 问题,然后设计一种 ILS 算法进行求解。算法从初始解出发,改进 PDPTW 问题求解中的 SPI、WRI 和 SBR 3个点对算子,逐步提升解的质量。通过可变邻域下降过程（VND）完成局部搜索，并允许车型调整和接受较差的解，以增强算法的多样性。

6.2.2 算法基本描述

ILS 算法的实现如算法 6-1 所示。第（1）和（2）行完成信息的初始化。第（3）行构造问题的初始解。第（5）～（10）行则是迭代地执行局部搜索、接受和扰动操作，完成解的寻优过程。局部搜索使用可变邻域下降算法，应用多个邻域算子进行提升，并允许车型进行调整。接受规则采用基于偏差系数的邻域解接受规则。扰动机制使用随机选择若干个点移动的扰动。算法结束后返回找到的全局最好解。

算法 6-1　ILS 算法

输入：迭代次数 maxIter、参数 p、偏差系数 deviation、搜索规则 rules
(1) Initialize();//读取车型信息并完成初始化
(2) S_0 = ConstructionSolution(p); //构造初始解
(3) $S_c = S_0$; $S_b = S_g$ = null;
(5) for(int i=0;i<maxIter;i++){
(6) 　　S_b = VNDSearch(S_c, rules);//局部搜索
(7) 　　S_b = Acceptance(S_b, S_c, deviation);//使用接受规则决定是否接受新的邻域解 S_b
(8) 　　S_c = Perturbation(S_b);//扰动局部最优解
(9) 　　S_g = Better(S_b, S_g);//更新最好解 S_g
(10) }//end for i
(11) return S_g;
输出：全局最好解 S_g

6.2.3 初始解构造

初始解构造由单校路径构造和路径合并两个阶段组成，首先针对每个学校使用广义插入算法（GENI）完成单校路径的构造，然后再将所有学

校的单个学校的路径合并组合成多校问题的初始解。初始解构造的关键在于构造使用不同车型的单个学校的路径。单校初始解构造的流程如下：

（1）随机选择 3 个站点，并与场站和学校构成一个封闭的环路。

（2）针对所有未插入到封闭环路上的站点，找到封闭环路内距离它最近的 p（p 是一个介于 2~7 的正整数）个站点。若环路内的所有站点的个数不足 p 个，则包含环路内所有的站点。

（3）随机选择一个不在环路中的站点，评估将该站点顺时针插入和逆时针插入的成本，寻找能够以最小成本插入的位置及插入方式。

（4）完成站点的插入，更新所有站点的 p 邻域。跳转到（3）继续执行，直到所有的站点均已经加入到环路中。

（5）根据得到的包含场站、所有乘车站点和学校的封闭环路，应用拆分过程划分为单个路径。

（6）从场站出发，顺序地访问环路中的站点，将站点依次加入到一条包含场站和学校的初始路径中。对该路径分配能够满足环路中第一个站点容量需求的最小车型，不断地将环路中的站点加入到路径中，同时移除环路中对应的站点。若违反车型容量约束或最大乘车时间约束，重新构造一条新的初始路径，跳转到（6）继续执行，直到环路中不存在站点为止。

对于每个学校及其相应的站点应用以上流程，可以得到针对单个学校规划的多车型初始路径，然后将这些路径合并即得到问题的初始解。

6.2.4 变邻域下降搜索

由于初始解是由多个单校路径组成的集合，并不是适合多校问题的解。为了提升解的质量，采用装卸一体化问题（PDP）求解的单点对路径间插入（SPI）、单点对路径内调整（WRI）和单点对路径间交换（SBR）3 个点对操作算子对当前解进行改进。局部搜索过程使用变邻域下降搜索（VND）完成，其实现流程如下：

（1）设置邻域变量 $k=1$，邻域最大数 $k_{\max}=3$，邻域列表 $NL=$

{SPI, WRI, SBR}，当前解 S_c。

（2）获得当前解 S_c 中所有学生站点的集合 perm，并根据搜索规则对 perm 集合中的节点进行排序。

（3）根据当前 k 的值选择对应的邻域算子，并应用该邻域算子对当前解 S_c 进行提升，得到新解 S_n。使用邻域算子时允许车型进行调整，增加邻域搜索的多样性。

（4）如果 S_n 优于 S_c 或者 S_n 与 S_c 的目标值之差的绝对值在一定的偏差范围内，则设置 $S_c = S_n$，$k = 1$；否则，$k{++}$。

（5）跳转到步骤（3）继续执行，直到 $k = k_{max}$。

在使用 SPI、WRI 和 SBR 点对算子进行局部搜索过程中，改进为允许进行车型调整。以改进后的 SPI 算子为例说明其实现过程，如算法 6-2 所示。

算法 6-2　允许车型调整的 SPI 算子

输入：当前解实例 sol、最好解 S*、学生站点 j、搜索规则 rules
(1) sol.CreateNeighborSpace(j, rules);　//构造邻域空间
(2) for(int i=0; i<sol.searchSpace.Count; i++){
(3) 　　MNeighborSpace m=sol.searchSpace[i];　//获得一个邻域元素
(4) 　　M=new MHSBRPMove();
(5) 　　strType="";　//不合法的类型
(6) 　　bool result=EvaluateShift(sol, j, m, M, rules, out strType);　//评估移动是否成功
(7) 　　if(result || ! result && strType=="5"){
(8) 　　　　ChangeFleet(sol, M);　//调整车型
(9) 　　　　MoveShift(sol, j, m, M);　//执行移动操作
(10) 　　}//endif
(11) 　　S* = getBetter(sol, S*);　//更新当前最好解
(12) }//end for
输出：最好解 S*

SPI 算子实现过程主要包含邻域空间构造、点对移动和车型调整 3 部分。算法 6-2 中，第（1）行完成邻域空间的构造；第（2）~（12）行则是针对

当前学生站点在邻域空间内搜索能够移动的位置,利用移动评估 EvaluateShift 方法确定该移动是否合法,然后使用 MoveShift 方法完成点的移动,并使用 ChangeFleet 方法完成车型调整。车型调整应用第 3 章算法框架中的车型调整策略完成。

下面主要介绍 SPI 的邻域空间构造和点对移动操作的实现。

(1) 搜索邻域空间构造

邻域搜索时,每次移动的均是一个由学生站点和学校站点组成的点对。当进行点对插入时,需要确定点对插入的路径、学生站点和学校站点插入的位置。例如,要将路径 r 上的一个学生站点 i 移动到路径 t 上,则必须确定站点 i 和站点 i 对应的学校站点 $s(i)$ 应该插入到路径 t 上哪两个站点的后面或前面。在不考虑约束的情况下,每个站点可能移动的位置就有可能对应一个新的邻域解,因此可以将站点能够插入位置的集合认为是其搜索的邻域空间。

假设邻域空间内的站点对使用三元组 (i,d,r) 表示,其中 i 表示待移动的学生站点,d 表示学生站点 i 对应的学校站点,r 表示学生站点 i 所在的路径编号。使用三元组 (j,k,t) 表示待移动站点的新位置,即将站点 i 和其学校站点 d 从路径 r 上分别移动到站点路径 t 上 j 和 k 的后面。若站点 i 和学校站点 d 能够不违反约束地分别插入到站点 j 和 k 的后面,则站点 i 和站点 j 直接相连构成路径上的一段路径。以 SPI 算子为例,一个站点对 (i,d,r) 对应的可能移动空间则是由路径 r 之外的任意一条路径上两个位置组成的三元组的集合。学生站点的每个可移动的位置并不一定是最终学生站点和其对应学校插入的位置,这是因为有可能会违反车辆的容量、学校时间窗或边序等约束。为此,可以事先通过"预判断"筛选掉不符合条件的位置,以减少邻域空间的大小。例如,要将学生站点 i 插入到站点 j 之后,同时将 i 对应的学校站点 $s(i)$ 插入到站点 k 之后时,"预判断"过程包括站点 i 和站点 j 的容量之和是否大于校车容量,二者之间的行驶时间是否超过学生最大乘车时间,学校站点 $s(i)$ 与站点 j 对应的学校站点的 $s(j)$ 的时间窗是否违反约束等。一旦发现"预判断"过程中违反约束,则不再将其放入到邻域列表中。

为了便于实现，设计结构 MNeighborSpace 记录一个移动的位置，使用泛型类 List<MNeighborSpace> 类的对象 searchSpace 记录所有可能的移动位置的集合，即邻域算子的搜索空间。SPI 算子的邻域空间构造方法 CreateNeighborSpace 实现的过程如算法 6-3 所示。

算法 6-3　SPI 邻域空间构造方法 CreateNeighborSpace

输入：学生站点 j、学校站点 d、路径 r
(1) searchSpace.clear();
(2) for(int i=0;i<ToursList.Count;i++){
(3) 　　t=ToursList[i]; //获得一条路径 t
(4) 　　if(t==r) continue;
(5) 　　for(int m=0;m<t.NodesList.Count;m++){
(6) 　　　　p1=t.NodeList[m].NodeID;
(7) 　　　　if(p1==j) continue;
(8) 　　　　for(int n=0,n<t.NodeList.Count;n++){
(9) 　　　　　　MNeighborSpace mn=new MNeighborSpace();
(10) 　　　　　 mn.i=p1;
(11) 　　　　　 mn.k=t.NodeList[n].NodeID;
(12) 　　　　　 mn.r=t.tourID;
(13) 　　　　　 if(PreValidate(mn)){ //预先判断成功
(14) 　　　　　　　 searchSpace.Add(mn);
(15) 　　　　　 }//end if
(16) 　　　　}//end for n
(17) 　　}//end for m
(18) }//end for
输出：searchSpace

(2) 点对移动评估和约束检测

为了提高邻域执行效率，点对移动采用"先评估、后移动"的方式。在每一个点对移动之前，先评估该点对移动是否合法，如果点对移动合法或者满足车型调整的条件，就执行点对的移动操作。在多校 SBRP 中，约束条件包含学生站点和学校之间的边序、校车容量和学校时间窗等约束。点对移动评估的关键是对点对移动引起的路径结构、学生在校车上的乘车时间、学生到达学校的时间等变化进行检测,要确保每一次移动都能产生一个可行的邻域解。

多校 SBRP 的一条路径上学生从乘车站点上车到其对应的学校下车,按照学校可以将路径划分为若干个路径段。参考党兰学等[217]设计的分段检测算法,本文在进行约束检测时也按照路径段进行检测,学校站点就是检测点。任何时刻校车到达学校站点时,必须保证到达该学校的学生在车上的时间不能超过最大乘车时间、校车上仍有空闲座位或者已坐满、没有违反该学校的时间窗约束等。

每次点对移动过程中,先对学校站点进行检测,判定路径是否合法。合法路径可以直接进行车型调整;对于不合法的路径,根据不合法的原因确定能否进行车型调整。约束检测中不合法情况有如下几种:

① 路径结构错误。比如,路径不是从场站开始到学校结束的路径形式。

② 路径边序逻辑结构错误。比如,路径上存在某学生站点,但没有与其对应的学校站点;对于不混载模式,从学生站点到其对应学校之间存在到其他学校的学生站点;学生站点对应的学校站点在前,而学生站点在后,等等。

③ 违反检测点的时间窗约束。此时,在该检测点路径段上允许最晚到达时间与当前到达时间之间的时间差小于 0。

④ 违反最大乘车时间约束。即从第一个到该学校的学生站点开始到该检测点的总行驶时间(包含站点的服务时间)超过最大乘车时间。

⑤ 违反检测点的校车容量约束。即到达某个学校站点时,校车剩余检测点容量小于 0。

当约束检测结果为合法时,EvaluateShift 方法返回 true,接下来即可以完成点对的移动和车型调整;若检测结果为不合法,只有当不合法情况为"违反校车容量约束"并且能够找到合适类型的校车时才能进行点对移动和车型调整。

6.3 实验结果与分析

6.3.1 测试案例

由于国际上尚无专门适用多车型多校 SBRP 的通用案例，本文在 Park 等[6]设计的混载 SBRP 国际基准案例的基础上设计车型信息，完成本文的测试。从混载 SBRP 基准案例中，选择 4 个随机分布 RSRB01～RSRB04 和 4 个聚集分布 CSCB01～CSCB04 共 8 个案例集。这 8 个案例集的站点规模、学校个数和学生人数等基本信息如表 6-2 所示。假设有 A、B、C 3 种车型，3 种车型的载重容量分别为 50、60、70，固定成本分别为 2500、2800、3000。

表 6-2　测试案例基本信息

测试案例	站点个数	学校个数	学生人数
CSCB01	250	6	3907
CBCB02	250	12	3204
CSCB03	500	12	6813
CSCB04	500	25	7541
RSRB01	250	6	3409
RSRB02	250	12	3670
RSRB03	500	12	6794
RSRB04	500	25	6805

本章研究的多校多车型 SBRP 问题中，各个学校有不同的开学时间，学生的最大乘车时间（MRT）设置为 2700 秒和 5400 秒，校车的行驶速度为 29.333333 英尺/秒，即 20 英里/小时。任意两点间的距离计算方式使用曼哈顿距离，以英尺为单位；两点间的行驶时间则由距离除以校车行驶速度得到。学生站点和学校站点的服务时间参考文献 Braca 等[147]的设置，具体定义如下：

$$t = \begin{cases} 19.0 + 2.6q_i, & q_i \text{ 为站点 } i \text{ 上车的学生数} \\ 29.0 + 1.9q_j, & q_j \text{ 为学校 } j \text{ 下车的学生数} \end{cases}$$

其中，t 的单位为秒(s)。实验约定：站点和学校的服务时间取整数，两点间的行驶距离以英里为单位且保留 4 位小数；优化目标为固定成本和总行驶距离(英里)之和，结果保留 2 位小数。

6.3.2 实验结果

ILS 算法使用 Visual Studio 2010 中的 C♯ 实现。测试环境为 PC 机，配置为 Intel© core i7-4790 3.60GHz、8GB 内存、Windows 7 64 位操作系统。

ILS 算法的参数设置如下：迭代次数 50 次，邻域大小 min$\{0.5*n,150\}$，偏差系数取 10^{-4}，p 邻域参数值取 5，VND 邻域排序为｛SPI、WRI、SBR｝，搜索规则采用最先接受(FirstAccept)。使用 ILS 算法求解表 6-2 中的案例，每个案例运行 10 次，统计其最好解、平均解、平均运算时间和标准差等信息。

不混载模式下案例的运行结果如表 6-3，混载模式下案例的运行结果如表 6-4。其中，N 代表案例规模，MRT 为最大乘车时间(s)，C_{best} 和 C_{avg} 分别表示案例的最好解和平均解，Std 表示案例的标准差(%)，T_{avg} 是案例的平均运行时间(s)，N_{best} 和 Fleet 分别表示最好解 C_{best} 对应的车辆总数和车型组合。

表 6-3 不混载模式案例的运行结果

案例	N	MRT	C_{best}	C_{avg}	$Std(\%)$	$T_{avg}(s)$	N_{best}	Fleet
CSCB01	250	2700	80856.87	85673.80	3.07	55.19	28	9A2B17C
CSCB02	250	2700	74371.82	78141.87	1.93	61.91	27	16A3B8C
CSCB03	500	2700	152354.28	163223.23	2.09	178.63	54	25A7B22C
CSCB04	500	2700	162594.13	172144.24	2.31	173.07	56	18A5B33C
CSCB01	250	5400	68698.92	72590.23	4.17	55.61	23	4A0B19C
CSCB02	250	5400	57707.51	62262.37	4.12	58.13	19	1A2B16C
CSCB03	500	5400	119835.28	125401.31	1.55	164.34	39	2A0B37C
CSCB04	500	5400	122147.47	128493.44	3.54	163.43	40	3A3B34C
RSRB01	250	2700	81670.15	88332.56	4.58	49.53	28	7A4B17C
RSRB02	250	2700	78032.18	81694.04	3.68	51.93	27	9A3B15C
RSRB03	500	2700	151705.60	169092.69	5.72	155.82	53	18A10B25C
RSRB04	500	2700	160816.51	165525.10	2.02	166.82	56	21A3B32C
RSRB01	250	5400	72231.21	86489.16	5.45	37.92	24	2A3B19C

续表

案例	N	MRT	C_{best}	C_{avg}	$Std(\%)$	$T_{avg}(s)$	N_{best}	Fleet
RSRB02	250	5400	63919.06	67283.80	3.60	47.25	21	2A1B18C
RSRB03	500	5400	134331.26	154683.54	6.87	138.93	44	2A0B42C
RSRB04	500	5400	127013.53	131986.66	1.96	147.48	42	4A3B35C
平均	—	—	106767.86	114563.63	3.54	106.62	36.31	—

表 6-4 混载模式案例的运行结果

案例	N	MRT	C_{best}	C_{avg}	$Std(\%)$	$T_{avg}(s)$	N_{best}	Fleet
CSCB01	250	2700	78206.83	81963.76	2.60	78.96	27	9A0B18C
CSCB02	250	2700	70096.54	74876.08	3.56	90.45	25	13A1B11C
CSCB03	500	2700	141227.16	148782.98	1.65	316.42	49	16A8B25C
CSCB04	500	2700	157246.92	163395.87	2.48	252.84	54	17A4B33C
CSCB01	250	5400	66911.91	72086.74	8.97	97.36	22	1A1B20C
CSCB02	250	5400	56834.79	60285.96	4.06	94.82	19	3A1B15C
CSCB03	500	5400	112928.49	114522.38	1.97	311.61	37	3A1B33C
CSCB04	500	5400	113756.89	121735.01	1.28	273.37	37	2A1B34C
RSRB01	250	2700	80059.15	85024.96	3.71	59.61	31	29A2B0C
RSRB02	250	2700	75811.45	79991.72	3.06	62.29	26	8A2B16C
RSRB03	500	2700	153119.55	174196.38	3.49	197.6	53	19A2B32C
RSRB04	500	2700	153601.61	161501.74	1.68	225.94	54	24A2B28C
RSRB01	250	5400	72290.94	81602.47	5.72	51.68	24	3A0B21C
RSRB02	250	5400	61349.26	63792.19	2.06	73.35	20	1A1B18C
RSRB03	500	5400	137510.73	145548.21	6.58	179.46	46	8A2B36C
RSRB04	500	5400	121234.66	128363.54	2.99	244.34	40	3A4B33C
平均	—	—	103261.68	109854.37	3.49	163.13	35.25	—

由表 6-3 和表 6-4 的实验结果可以得出以下结论：① ILS 算法能够在合理的时间内求解 SingleLoad 和 MixLoad 两种模式的问题。ILS 算法在所有案例上的平均运行时间分别为 106.62 秒和 163.13 秒；对于最大规模案例(500 个站点)，ILS 算法的运行时间在 300 秒左右，算法的运算效率相对较高。② ILS 算法的稳定性较好，ILS 在 SingleLoad 和 MixLoad 两种模式下的平均标准差分别为 3.54% 和 3.49%。③ 最大乘车时间(MRT)为 5400 时，ILS 算法的求解结果整体较好，原因在于 MRT 的值较大时，问题约束比较宽松，能够在较短的时间内找到更好的解。④ ILS 算法在 MixLoad 模式下能够发现更好的车型组合，拥有较低的总成本和车辆数。这也说明多校运营模式中允许不同学校的学生搭乘同一辆车能够进一步降低运营成本。由于混载模式比不混载模式的约束更多，所需要的运行时间也更长。

6.3.3 算法比较

（1）ILS 算法与多车型 SBRP 算法的比较

为了验证 ILS 算法的性能，将本章设计的 ILS 算法与 Braca 等[147]提出的基于位置的随机算法（RLBH）以及 De Souza 和 Siqueira[202]提出的基于位置的自适应算法（ALBH）进行比较。ALBH 算法在处理多校问题时，采用大车优先而后调整的策略；RLBH 算法本身并没有提供多车型的处理方式，此处借鉴 ALBH 算法使用相同的策略。使用这 3 种算法求解所有案例，每个案例运行 10 次，记录其最好解和平均运行时间。

3 种算法求解不混载模式和混载模式下的案例的计算结果如表 6-5 和表 6-6 所示。其中，"总成本"列下的 ILS、RLBH 和 ALBH 分别代表 3 种算法找到的最好解，T_{ILS}、T_R 和 T_A 分别表示 ILS、RLBH 和 ALBH 的平均运算时间(s)；g_1 和 g_2 分别是 ILS 算法相对于 RLBH 和 ALBH 的改进程度（%），g_1 代表 ILS 算法相对于 RLBH 的改进值，其计算公式为 $(Z_{RLBH} - Z_{ILS}) * 100\% / Z_{RLBH}$，其中 Z_{RLBH}、Z_{ILS} 分别代表 RLBH、ILS 算法得到的目标值。g_2 代表 ILS 算法相对于 ALBH 的算法改进值，计算方法同 g_1。

表 6-5 不混载模式下 3 种算法的比较

案例	MRT	总成本			运算时间(s)			改进程度(%)	
		ILS	RLBH	ALBH	T_{ILS}	T_R	T_A	g_1	g_2
CSCB01	2700	80856.87	112509.97	124607.23	55.19	1.87	1.62	28.13	35.11
CSCB02	2700	74371.82	109565.28	130979.77	61.91	1.57	1.64	32.12	43.22
CSCB03	2700	152354.28	211797.91	225501.18	178.63	9.04	12.05	28.07	32.44
CSCB04	2700	162594.13	255850.64	280267.22	173.07	8.46	7.88	36.45	41.99
CSCB01	5400	68698.92	92915.59	111013.46	55.61	2.90	3.25	26.06	38.12
CSCB02	5400	57707.51	84636.99	92570.66	58.13	2.45	2.93	31.82	37.66
CSCB03	5400	119835.28	158059.87	179243.10	164.34	13.35	17.89	24.18	33.14
CSCB04	5400	122147.47	178241.57	206143.52	163.43	12.93	13.24	31.47	40.75
RSRB01	2700	81670.15	110654.13	114979.21	49.53	1.97	2.42	26.19	28.97
RSRB02	2700	78032.18	117115.79	134013.91	51.93	2.15	1.74	33.37	41.77
RSRB03	2700	151705.60	221803.92	217608.32	155.82	9.44	12.16	31.60	30.29
RSRB04	2700	160816.51	238385.14	246312.13	166.82	8.62	12.02	32.54	34.71
RSRB01	5400	72231.21	88869.81	105261.63	37.92	2.45	4.25	18.72	31.38
RSRB02	5400	63919.06	94429.38	103542.05	47.25	3.08	4.02	32.31	38.27
RSRB03	5400	134331.26	169555.27	159268.47	138.93	12.14	24.94	20.77	15.66
RSRB04	5400	127013.53	182363.83	192606.79	147.48	12.21	18.14	30.35	34.06
平均	—	106767.86	151672.19	163994.92	106.62	6.54	8.76	29.01	34.84

表 6-6　混载模式下 3 种算法的比较

案例	MRT	总成本			运算时间(s)			改进程度(%)	
		ILS	RLBH	ALBH	T_{ILS}	T_R	T_A	g_1	g_2
CSCB01	2700	78206.83	112311.41	116161.55	78.96	2.84	4.63	30.37	32.67
CSCB02	2700	70096.54	110366.03	125300.56	90.45	2.98	2.93	36.49	44.06
CSCB03	2700	141227.16	198958.11	218822.98	316.42	20.05	29.69	29.02	35.46
CSCB04	2700	157246.92	239906.87	279074.81	252.84	19.91	19.40	34.46	43.65
CSCB01	5400	66911.91	87660.03	104670.31	97.36	3.85	11.71	23.67	36.07
CSCB02	5400	56834.79	80848.90	89640.51	94.82	4.67	7.77	29.70	36.60
CSCB03	5400	112928.49	152381.01	168814.99	311.61	27.79	66.05	25.89	33.11
CSCB04	5400	113756.89	176513.93	215259.98	273.37	28.92	33.10	35.55	47.15
RSRB01	2700	80059.15	108350.88	112018.29	59.61	3.53	8.83	26.11	28.53
RSRB02	2700	75811.45	108812.27	128807.63	62.29	4.98	5.57	30.33	41.14
RSRB03	2700	153119.55	204734.33	212506.22	197.60	18.13	33.29	25.21	27.95
RSRB04	2700	153601.61	234248.48	239737.12	225.94	19.56	36.02	34.43	35.93
RSRB01	5400	72290.94	85425.43	101184.23	51.68	3.97	17.10	15.38	28.56
RSRB02	5400	61349.26	93232.15	96880.95	73.35	6.52	12.88	34.20	36.68
RSRB03	5400	137510.73	170795.19	162315.25	179.46	26.50	90.33	19.49	15.28
RSRB04	5400	121234.66	180046.82	177650.78	244.34	26.49	58.09	32.66	31.76
平均	—	103261.68	146536.99	159302.89	163.13	13.79	27.34	28.93	34.66

由表 6-5 和表 6-6 可知：① ILS 算法在不混载和混载两种模式下均找到了所有案例的最好解。和 RLBH 和 ALBH 算法相比，ILS 算法在不混载模式下在所有案例上分别平均改进了 29.01% 和 34.84%，单个案例最大改进分别为 36.45% 和 43.22%。对于混载模式，和 RLBH 和 ALBH 相比，ILS 算法分别平均改进了 28.93% 和 34.66%，单个案例最大改进分别为 36.49% 和 47.15%。② 混载模式下，ILS 算法能够找到比不混载模式更好的解且平均成本更小。③ 在运算时间上，ILS 算法需要比 RLBH 和 ALBH 更多的运算时间，两种模式下平均时间分别为 106.62 秒和 163.13 秒。

ILS 算法优于 RLBH 和 ALBH 算法的原因在于：ILS 算法能够借助邻域搜索和车型调整等策略提高算法的集中性，并且允许接受一定偏差范围内的解，能够保证算法的多样性。RLBH 和 ALBH 算法均属于构造启发式算法，二者不同之处在于每次构造一条新路径时点的选择方式不同：RLBH 算法使用的是随机选择，而 ALBH 算法每次选择距离学校最远的站点。RLBH 和 ALBH 在将其他点插入到路径时均是贪婪地寻找最廉价插入，并且一开始均使用大车，导致后期车型调整比较困难。由于

RLBH 和 ALBH 算法均是构造启发式算法,因此拥有较大的时间优势。

(2) ILS 算法与现有多校单车型 SBRP 算法的比较

为了进一步评估 ILS 算法的优化性能,使用 ILS 算法求解多校单车型 SBRP 问题,并与现有的多校单车型 SBRP 算法比较。所有案例采用相同的计算标准:校车容量统一为 66 且单一车型,任意两个站点间的距离计算方式为曼哈顿距离,站点和学校的服务时间计算方式相同,优化目标为车辆数。ILS 算法的参数保持不变,每个案例运行 10 次,记录最好解;其他算法的结果从对应的文献中获得。

不混载模式下,ILS 算法与 Park 等[6]的后启发算法和 Chen 等[200]的模拟退火算法(SA)的比较结果如表 6-7 所示。表中"车辆数"列是 3 种算法发现的最好解,黑体表示 3 种算法中的最好解。g_1 和 g_2 分别代表 ILS 算法相对于后启发算法和 SA 算法的改进程度,计算公式为 $g_1 = (Z_{Park} - Z_{ILS}) * 100\% / Z_{Park}$,$g_2 = (Z_{SA} - Z_{ILS}) * 100\% / Z_{SA}$。$g_1$ 和 g_2 的值为正数时表示 ILS 算法有改进。

表 6-7 不混载模式下 ILS 与现有多校单车型 SBRP 算法的比较

案例	MRT	车辆数			改进程度(%)	
		ILS	Park[a]	SA[b]	g_1	g_2
CSCB01	2700	**28**	39	31	28.21	9.68
CSCB02	2700	**25**	33	26	24.24	3.85
CSCB03	2700	**53**	66	59	19.70	10.17
CSCB04	2700	**57**	72	61	20.83	6.56
CSCB01	5400	**23**	35	29	34.29	20.69
CSCB02	5400	**20**	27	23	25.93	13.04
CSCB03	5400	**40**	52	42	23.08	4.76
CSCB04	5400	**41**	57	45	28.07	8.89
RSRB01	2700	**25**	35	26	28.57	3.85
RSRB02	2700	27	32	**27**	15.63	0.00
RSRB03	2700	51	66	**47**	22.73	−8.51
RSRB04	2700	**54**	68	58	20.59	6.90
RSRB01	5400	**24**	31	28	22.58	14.29
RSRB02	5400	**22**	30	23	26.67	4.35
RSRB03	5400	**46**	61	**46**	24.59	0.00
RSRB04	5400	**41**	56	**41**	26.79	0.00
平均	—	36.06	47.50	38.25	24.53	6.16

注:a 表示文献 Park 等[6]中的结果;b 表示文献 Chen 等[200]中的结果。

由表 6-7 的结果可知,ILS 算法在求解不混载模式的多校单车型

SBRP 问题时具有最少的车辆数,总体优于后启发算法和 SA 算法。ILS 算法与后启发算法和 SA 算法相比,所有案例上分别平均改进了 24.53% 和 6.16%,单个案例最大改进分别为 34.29% 和 20.69%。ILS 算法在 16 个案例上获得了 15 个最好解,总体寻优效果好于后启发算法和 SA 算法。

混载模式下,ILS 算法与 Park 等[6]的后启发算法和党兰学等[195]的记录更新算法(RRT)的比较结果如表 6-8 所示。表中"车辆数"列是 3 种算法发现的最好解,黑体表示 3 种算法中的最好解。g_3 和 g_4 代表 ILS 算法相对于后启发算法和 RRT 算法的提升程度,计算公式为 $g_3 = (Z_{Park} - Z_{ILS}) * 100\%/Z_{Park}$, $g_4 = (Z_{RRT} - Z_{ILS}) * 100\%/Z_{RRT}$。$g_3$ 和 g_4 的值为正数时表示 ILS 算法有改进。

表 6-8 混载模式下 ILS 与现有多校单车型 SBRP 算法的比较

案例	MRT	车辆数			改进程度(%)	
		ILS	Park[a]	RRT[b]	g_3	g_4
CSCB01	2700	**26**	30	27	13.33	3.70
CSCB02	2700	**25**	30	**25**	16.67	0.00
CSCB03	2700	**48**	55	50	12.73	4.00
CSCB04	2700	**54**	62	55	12.90	1.82
CSCB01	5400	**23**	24	**23**	4.17	0.00
CSCB02	5400	**19**	22	**19**	13.64	0.00
CSCB03	5400	**39**	41	40	4.88	2.50
CSCB04	5400	39	43	**37**	9.30	-5.41
RSRB01	2700	**26**	30	**26**	13.33	0.00
RSRB02	2700	26	29	**25**	10.34	-4.00
RSRB03	2700	**51**	56	**51**	8.93	0.00
RSRB04	2700	**52**	59	53	11.86	1.89
RSRB01	5400	**23**	27	25	14.81	8.00
RSRB02	5400	**22**	23	23	4.35	4.35
RSRB03	5400	47	47	**46**	0.00	-2.17
RSRB04	5400	41	46	**40**	10.87	-2.50
平均	—	35.06	39.00	35.12	10.13	0.76

注:a 表示文献 Park 等[6]中的结果;b 表示文献党兰学等[195]中的结果。

由表 6-8 可知,ILS 算法求解混载单车型 SBRP 时所需要的车辆数仍然最少,平均为 35.06。ILS 算法与后启发算法相比,所有案例均有所提升,且平均提升了 10.13%,而单个案例则最大提升 16.67%。与 RRT 算法相比,ILS 算法在 12 个案例上获得了最好解,尽管有些案例(如 CSCB04、RSRB02、RSRB03 和 RSRB04)没有得到提升,但在所有案例上也平均改进了 0.76%。

综合 6-7 和 6-8 可知，本文设计的 ILS 算法同样适用于求解多校单车型 SBRP 问题，并且具有较好的优化性能。在不混载和混载两种模式下，ILS 算法显著优于 Park 等[6]提出的后启发算法，分别平均提升了 24.53%和 10.13%。在不混载模式下，ILS 算法明显优于 SA 元启发算法。和 SA 算法相比，ILS 算法在所有案例上平均改进了 6.16%，单个案例上最大改进 20.69%。与混载 SBRP 的 RRT 算法相比，ILS 算法优化性能与 RRT 相当，在所有案例上平均改进 0.76%。ILS 算法优于后启发算法、SA 算法的原因在于：后启发算法和 SA 算法均采用分段求解模式，并没有从全局的角度进行优化。后启发算法和 SA 算法均是先得到单校路径后再进行车辆的合并，二者不同之处在于后启发算法合并路径时使用简单的改进启发策略，而 SA 算法则在模拟退火框架下完成路径的合并。ILS 算法和 RRT 算法均是从全局的角度进行优化，但 ILS 算法略优于 RRT 算法。原因在于：RRT 仅通过偏差系数来增强搜索的多样性，而 ILS 算法则引入可变邻域下降、扰动机制和允许接受较差解等多种算法策略，整体能够获得较好的优化性能。

6.3.4 邻域算子执行策略对算法的影响

为了评估 SPI、WRI 和 SBR 3 种邻域算子的执行策略对 ILS 算法的影响，本节分析邻域算子组合以及执行方式对算法的影响。

（1）邻域算子的组合方式对算法的影响

SPI 算子发生在两条路径之间，其主要作用是将一条路径上的一个点对移动到另外一条路径上。SPI 通过点对的移动，能够起到缩减路径数的作用。WRI 算子是在同一条路径上移动一个点对使其路径长度变短。SBR 算子是在两条路径之间完成点对的交换。从以上 3 个算子的功能分析来看，SPI 是缩减路径数，WRI 是减少路径长度，SBR 算子则是调整路径间点对的顺序。

本文的优化目标由固定成本和总路径长度组成，其中固定成本与路径数和路径上对应的车型有关，总路径长度则与路径相关。通常情况下，路径的固定成本远大于路径长度。因此,使用 SPI 算子能够缩减路径数,通过车型调整可以快速地减少固定成本;而单独使用 SBR 算子或 WRI 算子并不能有效地提升优化目标。在邻域算子搜索过程中,若每次使用 SPI 将点对移动到较好的位置上,经过一段搜索后再调整点对位置就比较困难,有可能错过一些较好的解。尽管 WRI 和 SBR 不能缩减路径数,但它们能够减少路径长度或调整点对的顺序,通过组合有可能得到一些较好的解。

基于以上分析,设计 5 种邻域算子组合方式:

① SPI:单独使用 SPI 邻域算子;
② SPI+WRI:先使用 SPI 邻域算子,然后再使用 WRI 邻域算子;
③ SPI+SBR:先使用 SPI 邻域算子,然后再使用 SBR 邻域算子;
④ SPI+SBR+WRI:按照 SPI、SBR、WRI 的顺序执行 3 个邻域算子;
⑤ SPI+WRI+SBR:按照 SPI、WRI、SBR 的顺序执行 3 个邻域算子。

图 6-1 和图 6-2 分别给出了最大乘车时间(MRT)分别取 2700 秒和 5400 秒时,5 种算子组合方式在不混载和混载模式下发现的最好解的平均解。每组算子测试时,ILS 算法基本参数保持不变,仅在可变邻域下降(VND)中使用这 5 种邻域算子组合方式。每个案例运行 10 次,记录其最好解,然后统计最好解的平均解。

从图 6-1 和 6-2 中可以看出:① SPI+WRI+SBR 邻域算子组合方式在不混载和混载模式下均能找到较好的最好解的平均解。② 单独使用 SPI 邻域算子并不能获得更好的解,SPI+WRI 组合总体求解性能优于 SPI+SBR,原因在于 WRI 能够缩减路径长度,进一步提升了优化目标。

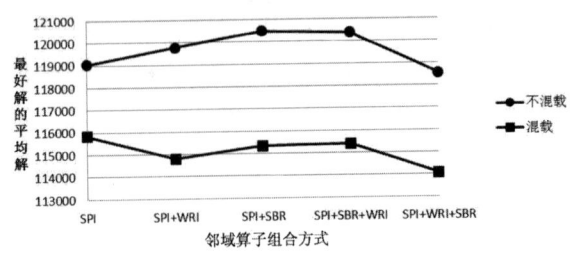

图 6-1　*MRT*=2700 时不同算子组合的优化性能比较

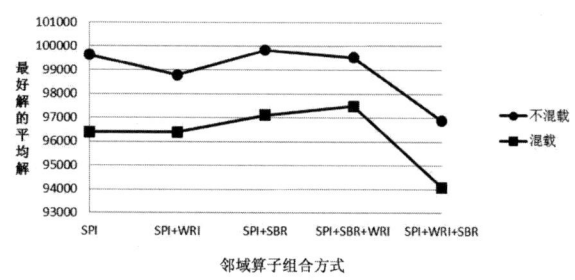

图 6-2　MRT=5400 时不同算子组合的优化性能比较

（2）邻域算子的执行方式对算法的影响

邻域算子执行时可以直接按照多个邻域算子顺序执行或者随机执行，还可以使用可变邻域搜索（VNS）或者可变邻域下降（VND）方式完成执行。为了比较不同的邻域算子执行方式，在本文设计的 ILS 算法框架内实现其他 3 种算子执行方式，并将其与本文采用的 VND 邻域算子执行方式进行比较。这 4 种邻域算子执行方式如下：

① VND 方式：使用 VND 完成局部搜索，并且按照 SPI、WRI 和 SBR 的固定顺序执行 3 个算子，即本文 ILS 算法中采用的方式。

② FLS 方式：按照 SPI、WRI 和 SBR 的固定顺序完成局部搜索。

③ RLS 方式：按照随机顺序完成 SPI、WRI 和 SBR 邻域算子的执行。

④ RVND 方式：按照 Penna 等[71]设计的随机邻域选择 VND 完成局部搜索。它与 VND 的不同之处在于每次随机选择邻域算子进行执行。

在相同的测试环境和参数设置下，在 ILS 算法内使用这 4 种执行方式分别测试表 6-2 中的案例。每个案例运行 10 次，分别记录其最好解、标准差、执行时间等信息。

图 6-3 给出了 4 种邻域算子执行方式发现的最好解的平均解的比较。从图中可以得出以下结论：① 使用 VND 方式完成邻域算子执行比采用一般的多邻域执行过程效果较好，即 VND 优于 FLS、RVND 优于 RLS。这也证明在 ILS 算法中混合使用 VND 能够提高算法的寻优能力。② 按照事先确定的最佳顺序执行邻域算子比随机执行邻域算子能够得到更好的解，即 VND 优于 RVND、FLS 优于 RLS。原因在于：多校多车型 SBRP 问题规模较大（最小站点数>250），解搜索空间较大，随机执行时

容易错过较好的解。

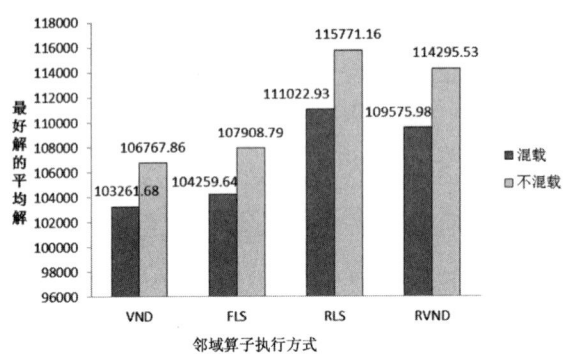

图 6-3 4 种邻域算子执行方式的优化性能比较

在 ILS 算法内采用 4 种邻域算子执行方式时，算法的平均标准差如图 6-4 所示。从图 6-4 看出，邻域算子按照固定顺序执行总体能够得到较小的标准差；当邻域算子执行过于随机时算法标准差较大，稳定性较差。由此可知，对于问题规模较大的多校多车型 SBRP 问题，使用固定顺序执行邻域算子，算法的稳定性较好。

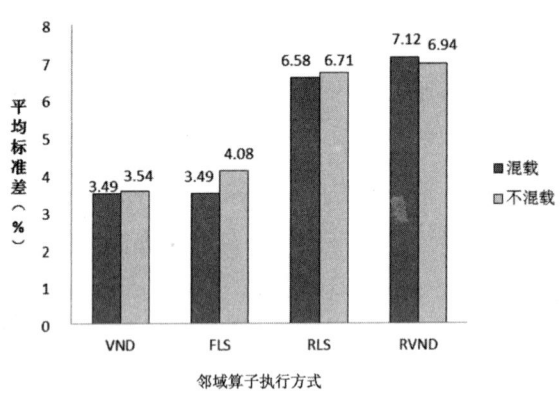

图 6-4 4 种邻域算子执行方式的算法稳定性比较

进一步统计在 ILS 算法内采用 4 种邻域算子执行方式时的平均执行时间（如图 6-5 所示）。从图 6-5 中可知，邻域算子采用 VND 或者 RVND 方式执行比直接执行多个邻域算子需要更多的时间，而使用固定顺序的 VND 所需要的时间最多。

综合图 6-3、图 6-4 和图 6-5 可知，采用 VND 完成邻域算子执行在寻优能力上优于直接执行邻域算子。VND 需要更多的执行时间,但执行效率并没有降低。邻域算子按照固定的顺序执行时算法稳定性较好。

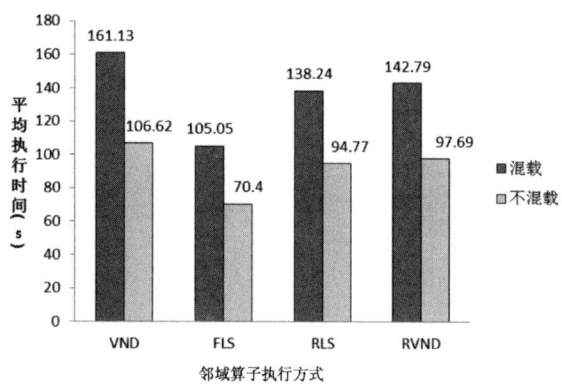

图 6-5　4 种邻域算子执行方式的平均执行时间比较

6.4 本章小结

使用多种类型的校车为多个学校安排校车路径是一个非常复杂的问题。为了统一求解多校混载和不混载两种模式下的多校多车型 SBRP 问题,本章将多校 SBRP 问题认为是一种特殊的带时间窗的装卸一体化问题(PDPTW),并设计一种迭代局部搜索算法(ILS)进行求解。与现有多校 SBRP 的研究相比,本章的研究以总成本为优化目标,并且考虑不同车型成本之间的差异。

ILS 算法使用 PDPTW 问题求解中的 SPI、WRI 和 SBR 3 个邻域搜索算子,并改进使其允许车型调整。在局部搜索过程中,使用可变邻域下降(VND)强化执行这 3 个邻域算子,并尽可能地在满足其他约束下通过调整车型来降低成本。除此之外,ILS 算法执行过程中使用扰动、接受一定偏差范围内的解等多样性策略。在基准测试案例上进行了测试,使用 ILS 算法分别求解混载和不混载两种模式下多车型多校 SBRP 问题,实验结果表明本章设计的 ILS 算法能够获得良好的优化性能。与基于位置随机的启发算法(RLBH)相比,ILS 算法在不混载和混载两种模式下分别改进 29.01% 和 28.93%；同时 ILS 相对于基于位置的自适应启发算法（ALBH）则分别改进 34.84% 和 34.66%。进一步使用 ILS 算法求解多校单车型 SBRP 问题，实验结果表明 ILS 算法也适用于求解多校单车型 SBRP 问题，并且算法的寻优性能好。

测试 ILS 算法中邻域算子的组合顺序和执行方式发现：当邻域算子按照 SPI、WRI 和 SBR 顺序执行时能够获得更好的优化性能。使用 VND 方式执行邻域算子在寻优能力上优于直接执行邻域算子，同时执行效率并没有降低。按照固定顺序执行邻域算子时，算法的稳定性较好。

7 案例研究

7.1 案例区概况及数据准备

江苏省无锡市位于江苏省南部,北纬31°7′至32°2′,东经119°31′至120°36′。无锡市简称"锡",素有"太湖明珠"、"小上海"之称。无锡市是长江三角洲主要的交通中枢和长江咽喉之地。无锡市惠山区于2001年初设立,全区区域面积327.81平方公里,下辖1个省级经济开发区、5个街道(堰桥街道、长安街道、钱桥街道、前洲街道、玉祁街道)和2个建制镇(洛社镇、阳山镇),人口43.19万人(2012年末),是"长三角"国际制造业基地的重要板块。2010年11月16日,惠山区区委、区政府、惠山区教育局依托无锡市锦江旅游客运有限公司成立惠山区锦江中小学学生接送服务中心(简称服务中心)。服务中心按照"政府指导、部门监管、社会运作"的模式,承担全区14所小学、1所中学、4所幼儿园共9000多名学生的上下学接送任务。服务中心目前配备27座、54座和57座3种类型的标准化校车。

通过前期调研获得了2014年9月份服务中心校车运营的数据,通过梳理去掉乘车站点人数不确定、乘车站点位置信息不明确的学校案例,最终得到钱桥中心小学、洛社张镇小学、阳山中心小学、杨市中心小学4个学校的案例数据。每个学校对应的乘车站点数为5~45,学生人数为90~790人。总的学生乘车站点数为97个,服务的学生总人数为1413人。学校信息和学生站点信息如表7-1和7-2所示。

表 7-1　学校信息

学校编号	经度	纬度	学校名称	学生人数	站点数
2001	120.218831	31.600529	钱桥中心小学	90	5
2002	120.137179	31.624303	杨市中心小学	237	20
2003	120.085163	31.574518	阳山中心小学	296	27
2004	120.181190	31.646088	洛社张镇小学	790	45

表 7-2　学生站点信息

站点编号	站点名称	经度	纬度	对应学校	学生人数
1001	王巷	120.239030	31.678371	2001	20
1002	盛丰村委	120.237055	31.625288	2001	23
1003	张姆泾	120.240623	31.630589	2001	7
1004	南西漳	120.231208	31.634126	2001	20
1005	晓星	120.230306	31.620422	2001	20
1006	绿化	120.129835	31.620422	2002	11
1007	双庙	120.145987	31.675497	2002	13
1008	华析	120.147539	31.657346	2002	24
1009	西安庄	120.126250	31.645392	2002	16
1010	东安庄	120.132809	31.645126	2002	16
1011	强家渡	120.140208	31.637465	2002	5
1012	保健左舍里	120.103220	31.626273	2002	33
1013	保健菜场	120.118318	31.623659	2002	14
1014	保健幼儿园	120.111070	31.622591	2002	14
1015	开元庄	120.106404	31.620228	2002	23
1016	火炬王巷	120.121846	31.616573	2002	6
1017	西圩	120.122793	31.611604	2002	6
1018	双车垛	120.111438	31.609215	2002	7
1019	徐城头	120.109029	31.608846	2002	2
1020	火炬	120.123826	31.606561	2002	11
...	...	...	...	...	...

建立研究区的道路网络数据集(如图7-1所示)。在网络数据集中，根据道路限速模拟每个路段的平均行驶速度。其中，高速、快速路时速设定为60公里/小时(即1000米/分)，国道、主干道时速设定为40公里/小时(即667米/分)，其他道路时速设定为30公里1小时(即500米/分)。利用ArcGIS 10.2中的网络分析工具计算场站、学生站点和学校站点之间的时间成本和距离成本矩阵，作为校车路径规划的基础数据。各个站

7 案例研究

点间的时间成本单位为分钟,距离成本单位为米。案例区学校与学生乘车站点的空间分布情况如图7-2所示。

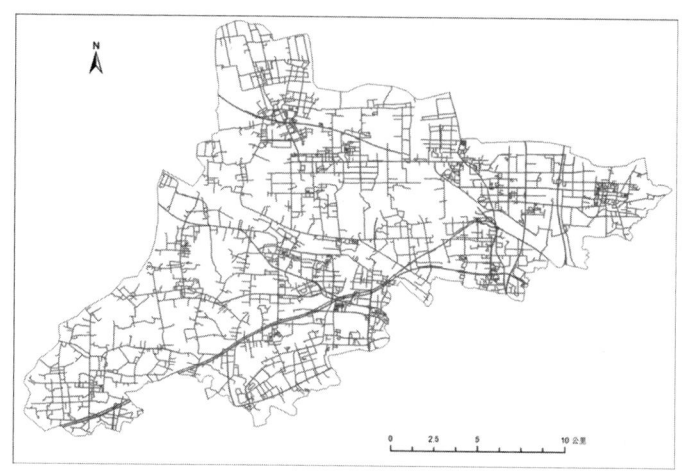

图7-1 案例区道路网络示意图

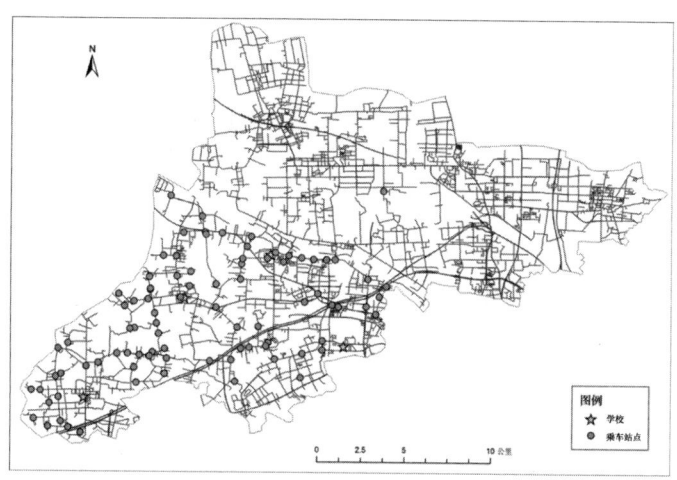

图7-2 案例区学校与学生乘车站点分布示意图

根据以上数据和校车服务规划要求,建立本文算法框架支持的TSPLib95格式的文件。单校和多校案例文件的格式分别如图7-3和图7-4所示。

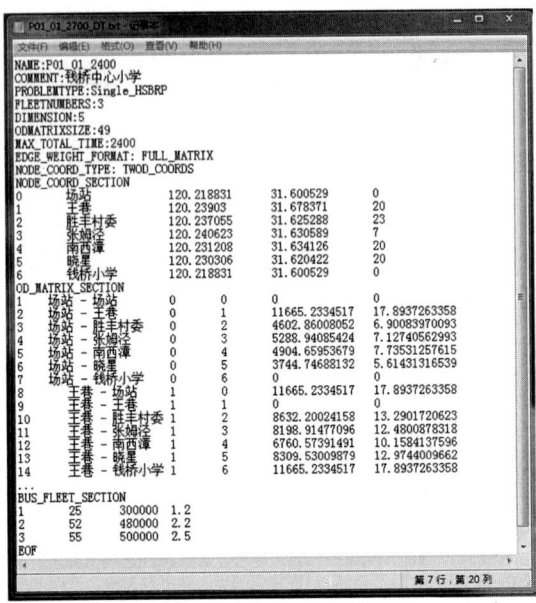

图 7-3 单校案例的 TSPLib 文件格式

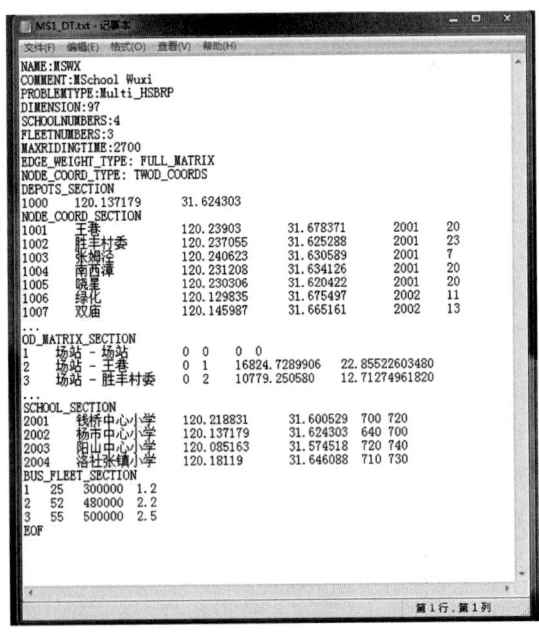

图 7-4 多校案例的 TSPLib 文件格式

下面对图 7-3 案例文件中的几个主要的描述及其对应的含义进行解释。

- DIMENSION：表明问题的规模。
- MAX_TOTAL_TIME：表明校车每趟最长行驶时间（包含服务时间）不能超过的最大时间（单位秒）。
- ODMATRIXSIZE：表明 OD 矩阵中数据的个数。
- EDGE_WEIGHT_FORMAT：表示任意两个站点之间的距离或运行时间的计算方式。"FULL_MATRIX"表明值从 OD 矩阵内获取。
- OD_MATRIX_SECTION：OD 矩阵的数据部分，每行数据表示序号、站点对、源站点 ID、目标站点 ID、校车在站点间的行驶距离和行驶时间，其中距离单位是米，行驶时间单位是分钟。例如，"2 场站－王巷 0 1 11665.2334517 17.8937263358"表示这是 OD 矩阵中的第二个元素，描述的是编号为 0 的"场站"到编号为 1 的"王巷"的行驶距离和行驶时间。
- BUS_FLEET_SECTION：表示校车的车型信息，车型按照容量大小升序排列。例如，案例数据"1 25 300000 1.2"表示当前车型编号为 1（即 A 型车）、车辆载重容量为 25、车辆的固定成本为 300000、每公里可变成本 1.2。
- EOF：表示案例文件结束。

图 7-4 多校案例文件中，大部分属性含义与图 7-3 类似。此处仅对几个主要的属性进行解释：

- NODE_COORD_SECTION：给出所有站点的信息，依次包含站点编号、站点名、站点的坐标、对应的目标学校编号和该站点的乘车人数。例如，数据"1001 王巷 120.23903 31.678371 2001 20"表示的是乘车站点王巷编号为 1001，经纬度坐标分别为 120.23903 和 31.678371，其目标学校的编号是 2001（即钱桥中心小学），该站点乘车人数为 20 人。
- SCHOOL_SECTION：给出学校的信息，包含学校编号、名称、学校的坐标和学校的时间窗。例如，数据"2001 钱桥中心小学 120.218831 31.600529 700 720"表示钱桥中心小学的编号是 2001，经纬度坐标分别是 120.218831 和 31.600529，学校时间窗为 7：00～7：20。

7.2 案例区路径规划

为了完成案例研究，对研究问题中学校时间窗、校车最长行驶时间、校车的容量和成本等进行约定：① 仅考虑学生上学问题。② 每辆校车均需一名司机和一位跟车教师，故 27 座、54 座和 57 座 3 种校车的实际载重容量分别为 25、52 和 55；这 3 种车型使用 A、B 和 C 代替。

7.2.1 单校校车路径规划

单校路径规划时，假定校车从学校（场站）出发的最早时间为 6：30，回到场站的最晚时间为 7：50；每辆校车最大行驶时间限定为 40 分钟。每个乘车站点的服务时间与乘车学生人数相关，站点服务时间为 $t_i = 19.0 + 2.6q_i$，q_i 为在站点 i 上车的学生数，t_i 的单位为秒。为了便于规划，不考虑校车购置和维修费用以及燃油价格随市场价格的波动，校车的固定成本仅考虑校车购置成本，每天行驶的单位距离油耗成本是不变的，距离单位为公里。假设 27 座、54 座和 57 座校车的固定成本分别为 30 万元、48 万元和 50 万元，每公里油耗成本分别为 1.2 元、2.2 元和 2.5 元。

（1）多车型规划结果

针对案例区的 4 所学校，使用第 4 章设计的 SGRASP 算法规划多种车型的校车路径。考虑优化目标为总成本的多车型路径规划方案，规划结果如表 7-3 所示。表中 P01～P04 分别代表钱桥中心小学、杨市中心小学、阳山中心小学和洛社张镇小学。

表 7-3 多车型路径规划结果

案例	站点数	学生数	总成本（元）	总行驶里程（km）	车型组合	车辆利用率（%）
P01	5	90	960075.61	34.37	0A2B0C	86.53
P02	20	237	2260123.78	60.49	1A2B2C	99.16
P03	27	296	2780233.97	104.54	1A1B4C	99.66
P04	45	790	7280544.48	238.95	0A11B4C	99.75
平均	—	—	3320244.46	109.59	—	96.28

7 案例研究

（2）多车型规划的优势

为说明多车型规划的优势，分别使用单一车型和多种车型进行 4 个学校的校车路径规划。由于乘车站点的学生人数超过 25 的较多，所以单一车型选择 B、C 两种车型。以总成本为优化目标，单车型和多车型规划的结果如表 7-4 所示。表中 TC_1 和 TC_2 分别代表使用 B 型车和 C 型车规划的总成本，CUR_1 和 CUR_2 分别代表其对应的车辆容量利用率（%）。TC_3 代表使用多种车型规划的总成本，CUR_3 代表多车型规划时的车辆容量利用率（%）。

表 7-4 考虑总成本的单车型与多车型规划的结果比较

案例	单车型				多车型	
	TC_1(%)	CUR_1(%)	TC_2(%)	CUR_2(%)	TC_3(%)	CUR_3(%)
P01	960075.61	86.53	1000085.92	81.80	960075.61	86.53
P02	2400145.46	91.15	2500144.19	86.18	2260123.78	99.16
P03	2880181.43	94.87	3000214.41	89.70	2780233.97	99.66
P04	7680575.87	94.95	7500660.62	95.76	7280544.48	99.75
平均	3480244.59	91.88	3500276.29	88.36	3320244.46	96.28

由表 7-4 规划的结果可得出以下结论：

① 使用多种车型规划的平均总成本小于单一车型规划方案。混合使用 A、B、C 3 种车型规划的总成本最低，相比于单独使用 B 型车和 C 型车分别平均能够减少 4.60% 和 5.14% 的总成本。单一车型规划时，全部使用最大容量的 C 型车规划的成本总体上高于使用 B 型车。

② 使用多种车型规划时车辆容量的利用率高，所有案例上车辆容量利用率均在 96.28% 以上，其中 P02、P03、P04 案例的车辆容量利用率均高达 99% 以上。而单一车型的规划，车辆利用率相对较低。

由此可知，使用多车型规划路径能够有效地降低总成本，并且车辆的容量利用率较高。

（3）多车型规划的比较

为评估 SGRASP 算法的求解质量，将其与 ArcGIS 10.2 软件中 VRP 模块的规划结果进行比较。使用 ArcGIS 进行校车路径规划时，需要事先给定一些路径信息。为了便于规划，在利用 SGRASP 算法找到车型组合的基础上给出初始路径，然后通过增加路径使得 ArcGIS 规划得出可行解。使用 SGRASP 算法和 ArcGIS 规划的结果比较如表 7-5 所示。

表 7-5　SGRASP 算法与 ArcGIS 规划结果比较

案例	SGRASP			ArcGIS		
	总成本（元）	车型组合	车辆利用率/%	总成本（元）	车型组合	车辆利用率/%
P01	960075.61	0A2B0C	86.53	960075.61	0A2B0C	86.53
P02	2260123.78	1A2B2C	99.16	2260127.82	1A2B2C	99.16
P03	2780233.97	1A1B4C	99.66	2960178.99	0A2B4C	91.36
P04	7280544.48	0A11B4C	99.75	7760543.94	0A12B4C	93.60
平均	3320244.46	—	96.28	3485231.59	—	92.66

从表 7-5 可以看出，SGRASP 算法整体上优于 ArcGIS 规划的结果。SGRASP 算法在所有案例上比 ArcGIS 规划平均节省了 4.73% 的成本。对于 P01 小规模案例，SGRASP 算法与 ArcGIS 规划的结果相同。此外，SGRASP 算法规划的结果比 ArcGIS 有更高的车辆利用率。

上述路径规划均是在校车仅允许跑一趟，即每个校车服务完一条路径之后就结束运营。在实际运营时，针对单个学校也可以允许校车服务完一条路径之后再服务另外一条路径。此时，可以根据校车运营线路的空闲时间实现线路的合并，进一步减少使用的车辆数。

（4）多车型规划结果展示

杨市中心小学的运营线路如图 7-5 所示。

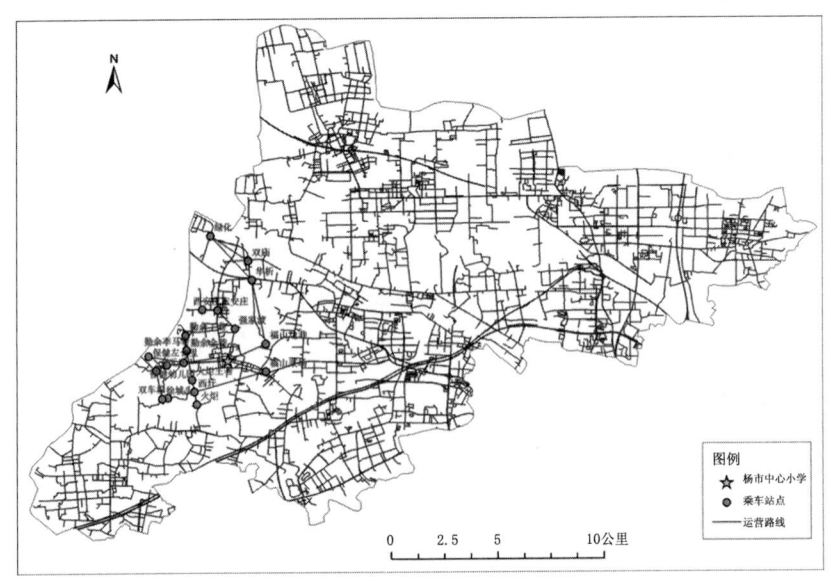

图 7-5　杨市中心小学的校车线路示意图

杨市中心小学规划的校车线路行驶如表 7-6 所示,其中校车 6:30 从学校出发,路径站点序列从第一个学生站点开始显示,路径总时间和总长度包含从学校出发回到学校的总时间及总长度。

表 7-6 杨市中心小学的校车线路

路线	站点序列(到达时间,校车上的人数)	车型	路径人数	总时间(min)	路径长度(km)
1	双庙(6:41,13)、绿化(6:46,24)、杨市中心小学(6:59,24)	A	24	32	15.35
2	火炬王巷(6:34,6)、保健幼儿园(6:37,20)、开元庄(6:39,43)、徐城头(6:42,45)、双车垛(6:43,52)、杨市中心小学(6:50,52)	B	52	24	10.78
3	强家渡(6:34,5)、西安庄(6:39,21)、勤余丁巷(6:44,34)、火炬(6:50,45)、西圩(6:51,51)、杨市中心小学(6:56,51)	B	51	30	14.21
4	勤余金巷(6:33,6)、勤余李马巷(6:34,8)、保健菜场(6:36,22)、保健左舍里(6:40,55)、杨市中心小学(6:45,55)	C	55	18	8.45
5	福山菜场(6:38,8)、福山边巷(6:36,15)、华析(6:41,39)、东安庄(6:46,55)、杨市中心小学(6:50,55)	C	55	24	11.71
总车辆数 5 辆;使用车型 1A2B2C;总运营里程 60.5km					

7.2.2 多校校车路径规划

本节使用无锡市惠山区钱桥中心小学、杨市中心小学、阳山中心小学和洛社张镇小学 4 所学校进行多校校车路径规划。校车路径规划的目标是固定成本和总行驶距离之和,并约定:① 场站在杨市中心小学,校车从场站出发接送完学生后停放到相应的学校。校车在场站的出发时间限定在 6:00~7:00。② 要求每个学生在校车上的乘车时间不能超过 45 分钟。③ 每个乘车站点的服务时间与乘车学生人数相关,站点服务时间为 $t_i=19.0+2.6q_i$,q_i 为在站点 i 上车的学生数,t_i 的单位为秒。学校站点的下车服务时间取 $t_i=1.9n_i$,n_i 为在学校站点 i 下车的学生数,t_i 的单位为秒。④ 3 种车型 27 座、54 座和 57 座校车的固定成本分别为 30 万元、48万元和50万元。⑤ 4个学校的上学时间范围在6：40～7：40。手工为每个学校分配长度为20分钟的时间窗,钱桥中心小学7：00～7：20,杨市中心小学6：40～7：00,阳山中心小学7：20～7：40,洛社张镇小学7：10～7：30。

(1) 多校不混载规划方案

使用第6章设计的ILS算法完成多校不混载模式的路径规划,结果如图7-6所示。

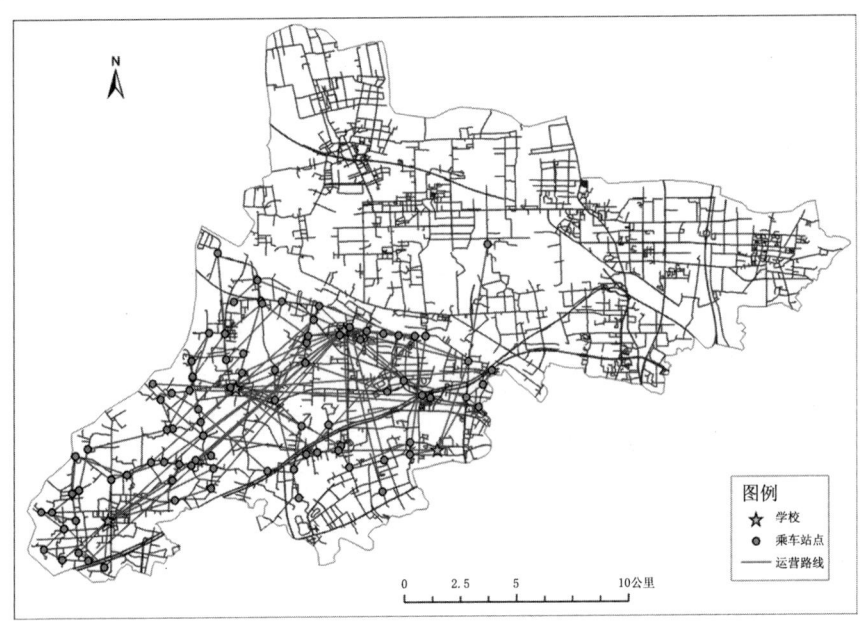

图7-6 多校不混载模式路径规划示意图

规划结果共需要18辆车,车型组合为1A3B14C,车辆总固定成本为874万元,总运营里程为556.72公里。为了便于看到校车的运营效果,表7-7给出多校不混载模式下路径规划的校车线路。其中,站点序列中由第一个学生乘车站点到其学校经过的站点组成,每个站点内包含到达该站点的时间、学校站点及在该点下车的学生人数。总时间和总路径长度是每条线路上校车从第一个学生站点开始到达最后一个学校的总行驶时间及总路径长度。

7 案例研究

表 7-7 多校不混载模式的校车线路(部分)

路线	站点序列(到达时间,校车上的人数)	车型	总时间(min)	路径长度(km)
1	藕乐苑前门(6:58)、洛社张镇小学(7:10,24)	A	12	5.16
2	杨市幼儿园(6:56)、洛社张镇小学(7:10,51)、新渎苑(7:27)、阳山中心小学(7:35,41)	B	43	23.56
3	杨市东安庄(6:47)、庙塘桥(6:57)、洛社张镇小学(7:10,42)、阳山医院(7:25)、阳山中心小学(7:35,25)	B	49	28.67
4	东风加油站(6:55)、中冶钢缆(6:58)、洛社张镇小学(7:10,33)、火炬(7:27)、阳山中心小学(7:40,27)	B	45	24.78
5	晓星(6:26)、王巷(6:40)、钱桥中心小学(7:00,40)、南西漳(7:09)、春满园(7:15)、洛社张镇小学(7:28,54)	C	63	36.52
6	东安庄(6:18)、西安庄(6:19)、徐城头(6:32)、杨市中心小学(6:40,34)、东风小学(6:49)、君盛钢带(6:58)、世纪华联(7:08)、洛社张镇小学(7:19,55)	C	63	32.21
7	雅西吴巷(6:48)、蓝晓饭店(6:57,54)、洛社张镇小学(7:10)、郭庄桥(7:29)、丁庄(7:35)、阳山中心小学(7:40,19)	C	52	27.72
8	福山菜场(6:30)、洛社新高中(6:40)、雅西广场(6:44)、群胜广场(6:59)、洛社张镇小学(7:10,55)、大路头(7:27)、山南头(7:31)、阳山中心小学(7:37,31)	C	68	38.69
9	西圩(6:12)、保健菜场(6:15)、开元庄(6:18)、绿化(6:36)、杨市中心小学(6:51,54)、出新圆盘(6:54)、卫马巷(7:04)、洛社张镇小学(7:10,50)、阳山村委(7:29)、阳山中心小学(7:37,13)	C	85	45.42
...	...	...	...	...

注:表中的总时间和总路径长度均不包含场站到第一个学生站点。

从表 7-7 可以看出,有的线路上,校车先服务完一个学校之后,再服务另外一个学校(比如线路 2~9)。由此可知允许校车服务多个学校,能够减少车辆数,提高车辆的利用率,但是也会增加校车的运营里程和行驶时间。

(2) 多校混载规划方案

在允许多个学校的学生同时搭乘同一辆校车的条件下,使用 ILS 算法继续完成多校混载模式下 4 所学校的路径规划。多校混载模式下,路径规划的结果如下:总车辆数 17,车型组合 2B15C,车辆总固定成本 846 万元,总运营里程 469.32 公里。路径规划线路图如图 7-7 所示。

图 7-7 多校混载模式路径规划示意图

图 7-7 中部分路径的行驶线路如表 7-8 所示，表中字段的含义同表 7-7。

表 7-8 多校混载模式的校车线路（部分）

路线	站点序列（到达时间，校车上的人数）	车型	总时间（min）	路径长度（km）
1	杨市幼儿园(6:56)、洛社张镇小学(7:10,51)	B	15	7.07
2	君盛钢带(6:50)、洛社张镇小学(7:10,50)	B	21	9.78
3	杨市东安庄(6:52)、华圻小学(6:58)、卫马巷(7:4)、洛社张镇小学(7:10,50)、新渎苑(7:27)、阳山中心小学(7:38,41)	C	47	25.72
4	绿化(6:39)、杨市牌楼(6:52)、杨村(7:01)、洛社张镇小学(7:10,55)、阳山医院(7:26)、阳山中心小学(7:36,25)	C	57	31.32
5	王巷(6:39)、南西漳(6:51)、钱桥中心小学(7:00,40)、世纪华联(7:09)、东风加油站(7:12)、雅西广场(7:20)、钱巷(7:24)、洛社张镇小学(7:28,55)	C	50	28.08
6	双庙(6:35)、华析(6:41)、杨市中心小学(6:51,37)、出新圆盘(6:54)、正明菜场(7:03)、洛社张镇小学(7:10,52)、阳山交警队(7:27)、阳山烈士墓(7:30)、阳山村委(7:32)、阳山中心小学(7:39,49)	C	65	34.08
7	保健左舍里(6:32)、杨市中心小学(6:40,33)、张姆泾(6:53)、胜丰村委(6:54)、晓星(6:59)、钱桥中心小学(7:06,50)、夏禹桥(7:09)、雅西吴巷(7:19)、洛社交管所(7:25)、洛社张镇小学(7:27,53)	C	57	31.01
…	…	…	…	…

注：表中的总时间和总路径长度均不包含场站到第一个学生站点。

(3) 与实际方案的比较

锦江中小学学生接送服务中心的校车运营模式是单校运营模式,并且允许每辆校车经过学生乘车站点多次。根据 2014 年 9 月这 4 所学校的实际校车运营情况的信息统计可知,一共使用 20 辆校车完成运营,其中 A 型 27 座校车 3 辆、B 型 54 座校车 17 辆。假定 A 型车和 B 型车的固定成本采用本节约定的固定成本,则现有单校运营方案下车辆的总固定成本为 906 万元。进一步将实际运营的路径方案读入到本文的算法框架内,并使用本章的路网数据和 OD 矩阵信息进行计算。经计算,得到现有的总运营里程约为 435.69 公里。根据以上规划结果得到 3 种运营模式下的路径规划方案(如表 7-9 所示)。

表 7-9 3 种运营模式下规划方案的比较

运营模式	总车辆数	车型组合	总固定成本(万元)	总运营里程(km)
单校模式	20	3A17B	906	435.69
多校不混载模式	18	1A3B14C	874	556.72
多校混载模式	17	2B15C	846	469.32

由表 7-9 可知,多校运营比单校运营所需要的车辆数少,总固定成本相对较少。多校不混载和多校混载模式下,车辆的总固定成本相比于单校运营模式分别下降了 3.20% 和 6.62%。多校混载运营模式比多校不混载模式所需的总成本更少,原因在于多校混载允许不同学校的学生搭乘同一辆校车,能够进一步提高车辆的利用率,减少运营成本。在运营里程上,多校运营里程高于单校运营,原因在于多个学校联合运营会减少车辆数,但是会形成较长的路径,导致总的运营里程增加。由于校车购置维修费用远大于日常运营里程成本,因此多校运营模式总体上仍优于单校模式。

7.3 本章小结

本章使用无锡市惠山区 4 所学校的信息进行了案例研究。在 ArcGIS 中完成了数据整理、OD 矩阵计算和结果展示等功能。针对 4 所学校分别使用多种车型规划其单校路径,结果表明使用多车型提供校车服务能够提高车辆的利用率,降低总成本。将本文规划的结果与 ArcGIS 规划的结果进行比较,结果证明了本文设计的单校多车型求解算法比 ArcGIS 规划平均节约 4.73% 的成本。在多校联合运营时,考虑不混载和混载 2 种模式使用多种车型规划校车路径。与现有的单校运营方案进行比较,多校联合运营能够进一步降低总成本。

8 结论与展望

为了给中小学生上下学提供便利,目前我国很多地区逐渐开展和推广校车服务。校车路径规划是校车运营管理工作的一个重要环节,合理地规划校车路径能够有效地降低成本。实际应用中,提供校车服务的车队通常是由一组成本、容量和配备设施各异的校车组成。不同的道路等级、学生的分布情况以及服务学生的特征要求需要使用不同类型的校车提供服务。使用多种类型的校车规划校车的行驶路线,不仅符合实际应用的需求,而且还能有效地降低总的运营成本,提高车辆的利用率。

本文以多车型校车路径问题的优化算法为研究对象,重点探讨单校和多校运营模式下多种类型校车的路径规划。通过分析研究问题的特征、约束及优化目标,建立问题的数学模型;设计并实现了算法框架和优化算法;基于国际案例对算法的有效性进行测试分析,并完成实际案例的研究。

8.1 主要工作

(1) 设计了一个支持单校和多校多车型 SBRP 问题求解的算法框架。通过分析 SBRP 求解算法的共性特征,设计了一个 SBRP 元启发算法框架。算法框架包含基础数据结构、操作函数库、初始解构造算法、局部搜索算法和元启发算法等主要组件。框架内还设计了算法求解过程中的启发策略,包括扰动策略、车型调整策略、邻域解接受策略和搜索策略等。该算法框架基于软件复用理论,采用面向对象技术,实现了结构、接口和类的重用。

(2) 设计并实现车型混合的单校 SBRP(FSMSBRP)的求解算法。基于 SBRP 算法框架，设计了一个参数自适应选择的贪婪随机自适应算法 (GRASP)，适用于求解总成本、固定成本和可变成本 3 种优化目标的 3 类 FSMSBRP 问题。该算法克服了标准 GRASP 算法求解过程中阈值参数取值过于随机或固定的缺点，根据搜索过程中解的质量对阈值参数的取值进行评估，然后自适应更改阈值参数的取值。使用变邻域搜索和车型调整等多种启发策略对解进行改进。

（3）建立车辆数限制的单校多车型 SBRP(HFSBRP)的数学模型，并设计元启发求解算法。针对 HFSBRP，首先建立了基于车型的整型规划数学模型，然后设计一种多启动迭代局部搜索算法进行求解。在标准迭代局部搜索算法框架的基础上，借助多启动技术增加多个问题的初始解。在算法寻优过程中，混合使用邻域随机排序的可变邻域下降算法完成局部搜索。邻域搜索过程中，先调整车型，然后再混合使用缩减路径数和提高车辆利用率的邻域解接受策略，以提高算法的寻优能力。此外，设计了多种扰动规则避免算法过早地陷入局部最优，并允许接受一定偏差范围内的邻域解。

（4）设计并实现统一求解不混载和混载 2 种模式下多校多车型 SBRP 问题的元启发算法。将多校多车型 SBRP 问题作为一类特殊的多车型带时间窗的装卸一体化问题(PDPTW)，并设计一个迭代局部搜索算法(ILS)进行求解。ILS 算法中引入 PDPTW 问题求解中使用的 SPI、SBR 和 WRI 3 个邻域算子优化总成本，并改进 PDPTW 算子允许车型调整。ILS 算法中使用可变邻域下降过程强化 SPI、SBR 和 WRI 算子的搜索，并且引入扰动和允许接受偏差范围内的解等多种策略，以提高优化性能。

（5）单校和多校多车型校车路径规划案例研究。使用 ArcGIS 进行数据管理、交通网络分析、问题建模以及规划功能开发等。最后使用无锡市惠山区锦江中小学学生接送服务中心的案例数据，完成单校和多校多车型校车路径的规划，通过实验验证求解算法的有效性。

8.2 主要结论

(1) 设计的多车型 SBRP 元启发算法框架适用于多个应用场景,能够解决单校、多校、单车型和多车型等多种 SBRP 问题。算法框架统一了基础数据结构、常用函数、初始解构造算法和邻域操作算子,并实现了迭代局部搜索算法、变邻域搜索算法、贪婪随机自适应算法、模拟退火算法和记录更新法等多种元启发算法。框架还支持扰动策略、车型调整、邻域解接受和搜索策略等多种启发策略的组合使用。基于算法框架能够实现求解多车型 SBRP 问题的多种元启发算法,并且可以选择不同的启发策略。这些表明设计的元启发算法框架是有效的,能够实现代码的重用,提高算法设计和实现的效率。

(2) 基于国际基准测试案例的实验结果表明,针对车型混合单校 SBRP 问题(FSMSBRP)设计的贪婪随机自适应算法(GRASP)在求解质量上明显优于现有的多车型 SBRP 求解算法。针对考虑总成本、固定成本和可变成本 3 种优化目标的 FSMSBRP 问题,GRASP 算法的求解质量相对于现有的启发式算法 RRH 分别改进了 5.28%、4.84% 和 7.22%;与自适应基于位置启发算法(ALBH)相比,GRASP 算法在 3 类问题上分别改进了 6.26%、6.02% 和 7.55%。进一步测试 GRASP 算法阈值参数的不同取值方式,实验结果证明阈值参数自适应选择优于参数随机选择或固定选择。

(3) 针对车辆数限制的单校多车型 SBRP 问题,建立了有效的数学模型和高效的求解算法。使用 CPLEX 优化器求解 HFSBRP 的数学模型,实验表明最多能够求解问题规模在 17 个点左右的测试案例;CPLEX 优化器的求解证明了所建立模型的正确性,同时也表明基于问题模型求解 HFSBRP 问题非常困难。对于优化目标为总成本和可变成本的 2 类 HFSBRP 问题,设计的算法能够在较短的时间内获得高质量的解,并且算法稳定性较高。

对设计的算法的启发策略进行测试,有以下发现:① 邻域算子执行时采用随机顺序优于固定顺序,局部搜索使用可变邻域下降算法比使用多个邻域算子效果好,在可变邻域下降搜索中使用邻域随机排序优于邻域固定排序。② 混合使用缩减车辆数策略和提高车辆利用率策略能够有效地降低成本。缩减车辆数策略只关注路径数目的减少,容易导致使用大车以减少车辆数,进而使其后期降低成本比较困难;提高车辆利用率策略则侧重提高车辆的利用率。使用二者混合的策略能够考虑到车型与成本之间的关系,在缩减路径数的同时尽可能地提高车辆的利用率,从而能够在搜索过程中发现更好的解。

(4) 利用国际标准案例库对多校多车型 SBRP 的优化算法进行测试,结果表明:使用 PDPTW 算子的迭代局部搜索算法(ILS)在求解质量上明显优于现有的算法,并且该算法适用于单车型、多车型、不混载和混载等多种特征的多校 SBRP 求解。使用站点随机分布案例(RSRB)和站点聚集分布案例(CSCB)2 类案例对 ILS 算法进行测试,结果发现:① 针对多校多车型 SBRP,ILS 算法在不混载和混载 2 种模式下均能获得更好的解,且算法稳定性较好。与基于位置的随机启发算法(RLBH)和基于位置自适应的启发算法(ALBH)相比,ILS 算法在不混载模式下的总成本分别平均下降 29.01% 和 34.84%,而在混载模式下 ILS 算法的总成本分别平均下降 28.93% 和 34.66%。② 针对多校单车型 SBRP,ILS 算法在不混载和混载两种模式下的优化性能显著优于后启发算法;针对不混载 SBRP,ILS 算法优于现有的模拟退火算法;而对于混载 SBRP,ILS 算法与记录更新法性能相当。

对 ILS 算法中的 SPI、SBR 和 WRI 3 个 PDPTW 算子的执行策略进行测试,实验发现:① SPI 算子能够缩减路径数,但是单独使用 SPI 并不能得到更好的解。当以 SPI、WRI 和 SBR 的顺序执行这 3 个算子时,算法能够获得固定成本较低的解。② 使用可变邻域下降搜索方式执行邻域算子在寻优能力上优于直接执行邻域算子。尽管需要更多的执行时间,但并没有过多地降低算法的执行效率。由于多校 SBRP 的问题规模大和约束条件的复杂性,采用邻域随机排序的可变邻域下降方法并不能得到更好的解。③ 按照固定顺序执行邻域算子时,算法的稳定性较好。

(5)案例研究的实验结果表明：使用多种车型规划校车路径优于单一车型的路径规划，多校运营模式比单校运营模式所需要的总成本更少。对于单校多车型校车路径规划，使用本文设计的算法规划路径比使用 ArcGIS 规划路径平均减少 4.73% 的成本；对于多校多车型路径规划，本文设计的多校不混载和混载 2 种规划方案能够比现有的方案在总成本上分别减少 3.20% 和 6.62%。

8.3 创新之处

（1）建立了一个校车路径问题的元启发算法框架。该框架支持单校和多校、单车型和多车型、路线闭合和不闭合以及多种优化目标 SBRP 问题的求解。针对邻域搜索类元启发算法，设计了从底层数据结构到高层元启发算法复用的算法框架。算法框架内包含基本数据结构、基本操作库、初始解构造算法和局部搜索算子等多种算法组件，能够有效地提高 SBRP 问题求解算法设计的效率。该算法框架提供统一的程序入口，能够根据求解问题的类型进行策略配置，具有很好的扩展性和灵活性。

（2）研究了车辆数限制的多车型校车路径问题的元启发算法。现有多车型 SBRP 的研究中基本都是考虑不同车型的混合，并没有考虑每种车型车辆数限制的约束。本文针对 HFSBRP，建立了基于车型的 HFSBRP 数学模型，然后利用 CPLEX 优化软件进行模型验证，并设计一种迭代局部算法进行求解。测试结果验证了设计的算法在求解 HFSBRP 问题上的可行性和有效性。

（3）提出统一求解多校多车型 SBRP 的元启发算法。现有多校多车型 SBRP 问题求解中以构造式或改进启发式算法为主，在问题优化过程中以车辆数或运营里程为优化目标，忽视了不同车型成本之间的差异。鉴于多校 SBRP 问题与带时间窗的装卸一体化问题（PDPTW）在模型上具有相似性，本文将多校多车型 SBRP 作为一类特殊的多车型 PDPTW 问题，并设计了求解多校多车型 SBRP 的迭代局部搜索元启发算法。在该算法中，引入求解 PDPTW 的邻域算子并对其进行改进，并允许车型调整。实验结果表明：本文设计的元启发算法不仅能够有效地求解不混载和混载模式下的多车型 SBRP 问题，而且还适用于求解单车型 SBRP 问题。

8.4 展望

本文针对多种车型可用的情况下校车路径规划进行了研究，提出了适合单校和多校不同问题约束和优化目标的多车型 SBRP 优化算法。尽管本文在多车型校车路径问题的优化研究中取得了一定的研究成果，但仍然有一些问题需要进一步研究。

（1）与实际校车路径规划相关的交通网络、学生站点需求等多种问题特征 SBRP 的研究。实际校车路径规划中，交通网络具有时空变化的特征，天气变化、交通拥堵等因素会影响校车行驶速度和行驶时间。校车空载和满载情况下的单位油耗是不同的，不同校车的满载率会影响到校车的可变成本。另外，城市中学生的分布相对集中，乘车站点的学生人数有可能超过校车的容量。因此，有必要在后续的研究中考虑影响校车正常运营的时变因素，考虑站点需求允许拆分等多种约束条件下校车路径的规划。

（2）算法的优化性能仍需深入研究。由于缺乏较大规模案例的已知最好解，在算法横向比较方面缺少统一的对比标准。SBRP 问题的约束和优化目标很多，算法优化性能与问题特征、案例时空特征、启发策略和参数设置之间的关系尚不十分明确。下一步可尝试借助数学方法简化问题的模型，计算问题的上界和下界，以评估算法的性能。通过大量的算法测试或者引入算法评价等超启发策略指导 SBRP 算法设计，提高算法的优化性能。

（3）本文的研究中重点关注总成本、固定成本和可变成本 3 类优化目标，与校车服务质量和公平性相关的目标并没有考虑。实际的校车规划中除考虑运营成本外，还要关注学生的满意程度、司机工作时间、校车行驶路线和负载均衡等方面的一些目标。下一步的研究将综合多种优化目标，提高校车路径规划的质量。

图 索 引

图 2-1　VRP 问题分类（22）

图 2-2　多车型 VRP 的分类（27）

图 3-1　3 种运营模式下的校车路径（52）

图 3-2　SBRP 元启发算法框架结构（55）

图 3-3　基本数据结构的类图（56）

图 3-4　路径间操作算子的操作（63）

图 3-5　路径内操作算子的操作（64）

图 3-6　点对调整邻域算子的操作（65）

图 3-7　4-level 抛射链操作示意（67）

图 3-8　Ruin-and-Recreate 操作示意（67）

图 3-9　多车型案例文件举例（73）

图 4-1　SGRASP 的算法流程（78）

图 4-2　α 不同取值下的平均解（84）

图 4-3　v 不同取值下的平均解（85）

图 4-4　3 种 GRASP 算法在两类问题上的最好解和平均解的平均值比较（87）

图 6-1　$MRT=2700$ 时不同算子组合的优化性能比较（126）

图 6-2　$MRT=5400$ 时不同算子组合的优化性能比较（127）

图 6-3　4 种邻域算子执行方式的优化性能比较（128）

图 6-4　4 种邻域算子执行方式的算法稳定性比较（128）

图 6-5　4 种邻域算子执行方式的平均执行时间比较（129）

图 7-1　案例区道路网络示意图（133）

图 7-2　案例区学校与学生乘车站点分布示意图（133）

图 7-3　单校案例的 TSPLib 文件格式（134）
图 7-4　多校案例的 TSPLib 文件格式（134）
图 7-5　杨市中心小学的校车线路示意图（138）
图 7-6　多校不混载模式路径规划示意图（140）
图 7-7　多校混载模式路径规划示意图（142）

表 索 引

表 2-1　SBRP 问题的分类（37）

表 2-2　单车型单校 SBRP 相关文献（38）

表 2-3　单车型多校 SBRP 相关文献（42）

表 2-4　多车型 SBRP 相关文献（45）

表 3-1　常用的简单结构及其比较结构（57）

表 3-2　常用的读写方法（58）

表 3-3　常用的约束检测方法（59）

表 3-4　常用的站点和路径操作方法（59）

表 3-5　初始解构造算法组件中提供的初始解构造方法（61）

表 3-6　框架提供的扰动策略（66）

表 3-7　Ruin-and-Recreate 提供的破坏和重建类型（68）

表 4-1　单校多车型测试案例的问题特征及车型信息（83）

表 4-2　3 种 GRASP 算法的最好解、平均解及执行时间（86）

表 4-3　SGRASP 与 RRH、ALBH 算法的对比（优化目标：总成本）（88）

表 4-4　SGRASP 与 RRH、ALBH 算法的对比（优化目标：固定成本）（89）

表 4-5　SGRASP 与 RRH、ALBH 算法的对比（优化目标：可变成本）（90）

表 4-6　SGRASP 算法相对于 RRH 和 ALBH 的改进程度（91）

表 4-7　SGRASP 在其他 FSMSBRP 问题上与 RRH、ALBH 算法的对比（92）

表 5-1　优化目标为总成本的 HFSBRP 问题的运算结果（101）

表 5-2　优化目标为可变成本的 HFSBRP 问题的运算结果（102）

表 5-3　4 种 ILS 算法的比较（优化目标：总成本）（104）

表 5-4　4 种 ILS 算法的比较（优化目标：可变成本）（105）

表 5-5　4 种 ILS 算法在所有案例上的平均执行时间（s）（106）

表 5-6　不同邻域解接受策略求解效果对比（106）

表 6-1　数学模型中使用的符号（109）

表 6-2　测试案例基本信息（118）

表 6-3　不混载模式案例的运行结果（119）

表 6-4　混载模式案例的运行结果（120）

表 6-5　不混载模式下 3 种算法的比较（121）

表 6-6　混载模式下 3 种算法的比较（122）

表 6-7　不混载模式下 ILS 与现有多校单车型 SBRP 算法的比较（123）

表 6-8　混载模式下 ILS 与现有多校单车型 SBRP 算法的比较（124）

表 7-1　学校信息（132）

表 7-2　学生站点信息（132）

表 7-3　多车型路径规划结果（136）

表 7-4　考虑总成本的单车型与多车型规划的结果比较（137）

表 7-5　SGRASP 算法与 ArcGIS 规划结果比较（138）

表 7-6　杨市中心小学的校车线路（139）

表 7-7　多校不混载模式的校车线路（部分）（141）

表 7-8　多校混载模式的校车线路（部分）（142）

表 7-9　3 种运营模式下规划方案的比较（143）

缩 略 词

ALBH(Adaptive Location Based Heuristic):自适应基于位置的启发算法

CSCB(Cluster Dispersion of Schools and Bus Stops):学校和乘车站点聚集分布

CVRP(Capacitated Vehicle Routing Problem):带容量约束的车辆路径问题

CW(Clark-Wright):节约法

FSM(Fleet Size and Mix Vehicle Routing Problem):车型混合车辆路径问题

FSMSBRP(Fleet Size and Mix SBRP):车型混合校车路径问题

FSMSBRPF:以固定成本和总路径长度为优化目标的 FSMSBRP

FSMSBRPFV:以固定成本和可变成本为优化目标的 FSMSBRP

FSMSBRPV:以可变成本为优化目标的 FSMSBRP

GRASP(Greedy Randomize Adaptive Search Procedure):贪婪随机自适应过程

HF(Heterogeneous Fixed Fleet Vehicle Routing Problem):车辆数限制多车型车辆路径问题

HFSBRP(Heterogeneous Fixed Fleet SBRP):车辆数限制的多车型校车路径问题

HFSBRPFV:以固定成本和可变成本为优化目标的 HFSBRP

HFSBRPV:以可变成本为优化目标的 HFSBRP

HSBRP(Heterogeneous School Bus Routing Problem):多车型校车路径问题

HVRP(Heterogeneous Vehicle Routing Problem):多车型车辆路径问题

ILS(Iterated Local Search):迭代局部搜索

LBH(Location-Based Heuristic):基于位置的启发

LNS(Large Neighborhood Search):大规模邻域搜索

OVRP(Open Vehicle Routing Problem):开放车辆路径问题

PDP(Pickup and Delivery Problem):装卸一体化车辆路径问题

PDPTW(Pickup and Delivery Problem with Time Window):带时间窗的装卸一体化问题

RLBH(Randomize Location Based Heuristic):随机的基于位置启发算法

RRT(Record-to-Record Travel):记录更新法

RSRB(Random Dispersion of Schools and Bus Stops):学校和乘车站点随机分布案例

SA(Simulation Annealing):模拟退火算法

SBR(Swapping Pairs Between Routes):两个点对路径间交换

SBRP(School Bus Routing Problem):校车路径问题

SPI(Single Pair Insertion):单个点对路径间移动

TS(Tabu Search):禁忌算法

VND(Variable Neighborhood Descent):可变邻域下降

VNS(Variable Neighborhood Search):变邻域搜索

VRP(Vehicle Routing Problem):车辆路径问题

VRPTW(Vehicle Routing Problem with Time Windows):带时间窗的车辆路径问题

WRI(Within Route Insertion):单个点对路径内调整

参 考 文 献

[1] 孔云峰,王震. 县市级义务教育学校区位配置优化设计与实验[J]. 地球信息科学学报,2012(3):299～304.

[2] 刘荼,张文玲,李晓钢. 关于合理解决校车运行服务收费问题[J]. 价格与市场,2012(4):32～33.

[3] Newton R M, Thomas W H. Design of school bus routes by computer [J]. Socio-Economic Planning Sciences, 1969(1):75～85.

[4] Hoff A, Andersson H, Christiansen M, et al. Industrial aspects and literature survey: Fleet composition and routing [J]. Computers R Operations Research, 2012(12):2041～2061.

[5] Spada M, Bierlaire M, Liebling T M. Decision-Aiding Methodology for the School Bus Routing and Scheduling Problem [J]. Transportation Science, 2005(4):477～490.

[6] Park J, Tae H, Kim B I. A Post-improvement Procedure for the Mixed Load School Bus Routing Problem [J]. European Journal of Operational Research, 2012(1):204～213.

[7] Ke X. School bus selection, routing and Scheduling [D]. University of Windsor Thesis(Ph. D.), 2005.

[8] Park J, Kim B I. The school bus routing problem: A review [J]. European Journal of Operational Research, 2010(2):311～319.

[9] Kim B I, Kim S, Park J. A school bus scheduling problem [J]. European Journal of Operational Research, 2012(2):577～585.

[10] 党兰学. 大规模混载校车路径问题优化算法研究[D]. 河南大学博士学位论文,2014.

[11] Toth P, Vigo D. The Vehicle Routing Problem [M]. Philadelphia: Society for Industrial and Applied Mathematics, 2002.

[12] 符卓. 开放式车辆路径问题及其应用研究[D]. 中南大学博士学位论文, 2003.

[13] 李相勇. 车辆路径问题模型及算法研究[D]. 上海交通大学博士学位论文, 2007.

[14] 曹二保. 物流配送车辆路径问题模型及算法研究[D]. 湖南大学博士学位论文, 2008.

[15] Montoya-Torres J R, Franco J L, Isaza S N, et al. A literature review on the vehicle routing problem with multiple depots [J]. Computers & Industrial Engineering, 2015(9):115~129.

[16] Fu Z, Eglese R, Li LYO. A new tabu search heuristic for the open vehicle routing problem [J]. Journal of the Operational Research Society, 2005(3): 267~274.

[17] 王雪莲, 汪波, 钟石泉. 一类半开放式车辆路径问题及其禁忌算法研究[J]. 系统仿真学报, 2008(8):1969~1972.

[18] 刘冉, 江志斌, 耿娜, 等. 半开放式多车场车辆路径问题[J]. 上海交通大学学报, 2010(11):1539~1544.

[19] Golden B, Assad A, Levy L, et al. The feet size and mix vehicle routing problem [J]. Computers & Operations research, 1984(1): 49~66.

[20] Taillard E. A heuristic column generation method for the heterogeneous fleet VRP[J]. Rairo, 1999(1):1~14.

[21] Oppen J, Løkketange A. Arc routing in a Node Routing Environment [J]. Computers & Operations Research, 2006(4):1033~1055.

[22] Dror M, Laporte G, Trudeau P. Vehicle routing with split deliveries [J]. Discret Applied Mathematic, 1994(3):239~254.

[23] Li H, Lim A. A metaheuristic for the pickup and delivery problem with time windows [C] 13th IEEE international conference on tools

with artificial intelligence (ICTAI). Dallas, Texas, 2001.

[24] Cao E, Lai M. A hybrid differential evolution algorithm to vehicle routing problem with fuzzy demands [J]. Journal of Computational and Applied Mathematics, 2009(1): 302~310.

[25] 刘云忠,宣惠玉.车辆路径问题的模型及算法研究综述[J].管理工程学报,2005(1):124~130.

[26] Muyldermans L, Cattrysse D, Oudheusden D V, et al. Districting for salt spreading operations [J]. European Journal of Operational Research, 2002(139):521~532.

[27] Wøhlk S. A decade of capacitated arc routing [J]. Operations Research / Computer science Interfaces, 2008(43): 29~48.

[28] Laporte G, Louveaux F, Hamme L V. An Integer L-shaped Algorithm for the Capacitated Vehicle Routing Problem with Stochastic Demands [J]. Operations Search, 2002(3):415~423.

[29] 谢秉磊.随机车辆路径问题研究[D].西南交通大学博士学位论文,2003.

[30] Malandraki C, Daskin MS. Time dependent vehicle routing problems: Formulations, properties and heuristic algorithms [J]. Transportation Science, 1992(3): 185~200.

[31] 李妍峰,李军,高自友.动态规划启发式算法求解时变车辆调度问题[J].系统工程理论与实践,2012(8):1712~1718.

[32] Li LYO, Fu Z. The School Bus Routing Problem: A Case Study [J]. The Journal of the Operational Research Society, 2002(5): 552~558.

[33] 郭强,李育安,郭耀煌.社区儿童接送服务车辆的线路优化[J].西南交通大学学报,2006(4):486~490.

[34] Jozefowiez N, Semet F, Talbi E. Multi-objective vehicle routing problems [J]. European Journal of Operational Research, 2008(2): 293~309.

[35] Berbeglia G, Cordeau J F, Gribkovskaia I, et al. Static Pickup and Delivery Problems: A classification Scheme and Survey [J]. TOP, 2007(1):1~31.

[36] Bodin L, Golden B. Classification in vehicle routing and scheduling [J]. Networks, 1981(2):97~108

[37] Bodin L, Golden B, Assad A, et al. Routing and scheduling of vehicles and crews: the state of art [J]. Computers & Operations Research, 1983(2):63~211.

[38] Schrage L. Formulation and structure of more complex/realistic routing and scheduling problem [J]. Netuorks, 1981(2):229~232.

[39] 孙丽君,胡祥培,王征. 车辆路径规划问题及其求解方法研究进展 [J]. 系统工程,2006(11):31~37.

[40] Eksioglu B, Vural A V, Reisman A. The vehicle routing problem: A taxonomic review [J]. Computers & Industrial Engineering, 2009 (4):1472~1483.

[41] Parragh S N, Doerner K F, Hartl R F. A survey on pickup and delivery problems [J]. Journal für Betriebswirtschaft, 2008(1): 21~51.

[42] Parragh S N, Doerner K F, Hartl R F. A survey on pickup and delivery problems, Part II: Transportation between and delivery loaxtions [J]. Journal für Betriebswirtschaft, 2008(2):81~117.

[43] Vidal T G, Crainic T, Gendreau M, et al. Heuristics for multi-attribute vehicle routing problems: A survey and synthesis [J]. European Journal of Operational Research, 2013(1):1~21.

[44] Bräysy O, Gendreau M. Vehicle routing Problem with Time Windows Part I: Route Construction and Local Search Algorithm [J]. Transportation Science, 2005(1):104~118.

[45] Kohl N, Madsen O. An optimization algorithm for the vehicle routing problem with time windows based on lagrangian relaxation [J].

Operations Research, 1997(3): 395~406.

[46] Liu Q, Lau H, Dennis L, et al. An efficient near-exact algorithm for large-scale vehicle routing with time windows[C]. Proc. 5th World Congress on Intelligent Transportation Systems, Korea, 1998.

[47] Lysgaard J, Letchford A N, Eglese R W. A new branch-and-cut algorithm for the capacitated vehicle routing problem [J]. Mathematical Programming, 2004(2): 423~445.

[48] Laporte G, Mercure H, Nobert Y. An exact algorithm for the asymmetrical capacitated vehicle routing problem [J]. Networks, 1986(1): 33~46.

[49] Fisher M L. Optimal solution of vehicle routing problems using minimum k-trees [J]. Operations research, 1994(4): 626~642.

[50] 吴斌. 车辆路径问题的粒子群算法研究与应用[D]. 浙江工业大学博士学位论文, 2008.

[51] Clarke G, Wright J W. Scheduling of vehicles from central depot to a number of delivery points [J]. Operations Research, 1964(4): 568~581.

[52] Gillett B E, Miller L R. A heuristic algorithm for the vehicle dispatch problem [J]. Operations Research, 1974(2): 340~349.

[53] Glover F. Future paths for integer programming and links to artificial intelligence [J]. Computers & Operations Research, 1986(5): 533~549.

[54] Willard J. Vehicle routing using r-optimal tabu search [D]. The Imperial College, 1989.

[55] Gendreau M, Hertz A, Laporte G. A Tabu Search Heuristic for the Vehicle Routing Problem [J]. Management Science, 1994(10): 1276~1290.

[56] Brandão J. A new tabu search algorithm for the Vehicle Routing Problem with Backhauls [J]. European Journal of Operational

Research, 2006(2):540~555.

[57] Brandão, J. A tabu search algorithm for the heterogeneous fixed fleet vehicle routing problem [J]. Computers & Operations Research, 2011(1): 140~151.

[58] Kirkpatrick S, Gelatt Jr. C D, Vecchi M P. Optimization by simulated annealing [J]. Science, 1983(4598): 671~680.

[59] Osman I H. Metastrategy simulated annealing and tabu search algorithms for the vehicle routing problem[J]. Annals of Operations Research, 1993(4) : 421~451.

[60] Dueck G. New optimization heuristics: the great deluge algorithm and the record-to-record travel [J]. Journal of Computational Physics, 1993 (1):86~92.

[61] Li F, Golden B, Wasil E. A record-to-record travel algorithm for solving the heterogeneous fleet vehicle routing problem [J]. Computers & Operations Research, 2007(9): 2734~2742.

[62] Li F, Golden B, Wasil E. The open vehicle routing problem: Algorithms, large-scale test problems, and computational results [J]. Computers & Operations Research, 2007(10):2918~2930.

[63] Mladenović N, Hansen P. Variable neighborhood search [J]. Computers & Operations Research, 1997(11):1097~1100.

[64] Hansen P, Mladenović N, Pérez M. Variable neighborhood search: methods and applications [J]. Annals of Operations Research, 2010 (1):367~407.

[65] Kytöjoki J, Nuortio T, Bräysy O, et al. An effective variable neighborhood search heuristic for very large scale vehicle routing problems [J]. Computers & Operations Research. 2007(9):2743~2757.

[66] Imran A, Salhi S, Wassan N A. A variable neighborhood-based heuristic for the heterogeneous fleet vehicle routing problem [J].

European Journal of Operational Research, 2009(2):509~518.

[67] Shaw P. Using constraint programming and local search methods to solve vehicle routing problems [C]. Proceedings of the fourth international conference on the principles and practice of constraint programming. Pisa Italy, 1998.

[68] Pisinger D, Ropke S. A general heuristic for vehicle routing problems [J]. Computers & Operations Research, 2007(8): 2403~2435.

[69] 陈萍,黄厚宽,董兴业. 求解多车型车辆路径问题的变邻域搜索算法 [J]. 系统仿真学报, 2011(9): 1945~1950.

[70] Subramanian A, Penna P H V, Uchoa E, et al. A hybrid algorithm for the heterogeneous fleet vehicle routing problem [J]. European Journal of Operational Research, 2012(2): 285~295.

[71] Penna P H V, Subramanian A, Ochi L S. An iterated local search heuristic for the heterogeneous fleet vehicle routing problem [J]. Journal of Heuristics, 2013(2): 201~232.

[72] Ho S C, Gendreau M. Path relinking for the vehicle routing problem [J]. Journal of Heuristics, 2006(1): 55~72.

[73] Chen C H, Ting C J. An improved ant colony system algorithm for the vehicle routing problem [J]. Journal of the Chinese Institute of Industrial Engineers, 2006(2):115~126.

[74] Yu B, Yang Z Z, Yao B Z. An improved ant colony optimization for vehicle routing problem [J]. European Journal of Operational Research, 2009(1):171~176.

[75] Cordeau J F, Maischberger M. A parallel iterated tabu search heuristic for vehicle routing problems [J]. Computers & Operations Research, 2012(9): 2033~2050.

[76] Marinakis Y, Marinaki M. A hybrid genetic-particle swarm optimization algorithm for the vehicle routing problem [J]. Expert Systems with Applications, 2010(2):1446~1455.

[77] Vidal T, Crainic T G, Gendreau M, et al. A hybrid genetic algorithm for multi-depot and periodic vehicle routing problems [J]. Operations Research, 2012(3):611~624.

[78] Crainic T G. Parallel meta-heuristics [M]. Gendreau M, Potivin J. Handbook of Metaheuristics. Boston:Springr, 2010.

[79] Groër C, Golden B, Wasil E. A parallel algorithm for the vehicle routing problem [J]. Information Journal on Computing, 2011(2):315 - 330.

[80] Ochi L S, Vianna D S, Drummond L M A, et al. A parallel evolutionary algorithm for solving the vehicle routing problem with heterogeneous fleet [J]. Future Generation Computer systems, 1998(14):285~292.

[81] Doerner K F, Hartl R F., Benkner S, et al. Parallel Cooperative Savings based ant colony optimization-multiple search and decomposition approaches[J]. Parallel Processing Letters, 2006(3):351~369.

[82] 余振华. 车辆路径问题的自适应伪并行免疫遗传算法[J]. 计算机工程与应用, 2010(1):221~223.

[83] Czech Z J, Czarnas P. Parallel simulated annealing for the vehicle routing problem with time windows [C]. Proc 10th European Workshop Parallel Distributed Network-Based Processing. Canary Islands, Spain, 2002.

[84] Subramanian A, Drummond L M A, Bentes C, et al. A Parallel heuristic for the Vehicle routing problem with simultaneous pickup and delivery[J]. Computers & Operatins Research, 2010(11):1899~1911.

[85] Cordeau J F, Laporte G, Mercier A. A unifend tabu search heuristic for vehicle routing problems with time windows [J]. Journal of Operational Research Society, 2001(8):928~936.

[86] Cordeau J F, Laporte G. A tabu search heuristic for static multi-vehicle dial-a-ride problem [J]. Transportation Research B: Methodological, 2003(6):579~594.

[87] Hashimoto H, Ibaraki T, Imahori S, et al. The vehicle routing problem with flexible time windows and traveling times[J]. Discrete Applied Mathematics, 2006(16):2271~2290.

[88] Hashimoto H, Yagiura M, Ibaraki T. An iterated local search algorithm for the time-dependent vehicle routing problem with time windows [J]. Discrete Optimization, 2008(2):434~456.

[89] Subramanian A, Uchoa E, Ochi L S. A hybrid algorithm for a class of vehicle routing problems [J]. European Journal of Operational Research, 2013(10):2519~2531.

[90] Vidal T, Crainic T G, Gendreau M, et al. A unified solution framework for multi-attribute vehicle routing problems [J]. European Journal of Operational Research, 2014(3):658~673.

[91] 郭耀煌,李军. 车辆优化调度问题的研究现状评述[J]. 西南交通大学学报,1995(4):376~382.

[92] 戚铭尧. 面向物流的空间信息服务及其关键技术研究[R]. 北京:中国科学院研究生院(遥感应用研究所博士后研究工作报告),2006.

[93] 涂伟. 基于Voronoi图的大规模物流车辆路径优化方法研究[D]. 武汉大学博士学位论文,2013.

[94] Baldacci R, Battarra M, Vigo D. Routing a heterogenous fleet of vehicles [M]. Golden B, Raghavan S, Wasil E A. The vehicle routing problem: lasted advances and new challenges. Boston: Springer, 2008.

[95] Ferland J A, Michelon P. The vehicle scheduling problem with multiple vehicle types [J]. Journal of the Operational Research Society, 1988 (6):577~583.

[96] Kusuma S, Anan M, Janssens G K, et al. Heterogeneous VRP

Review and Conceptual Framework [J]. Lecture Notes in Engineering and Computer Science, 2014(1):1052~1059.

[97] Koç Ç, Bektaş T, Jabali O, et al. Thirty years of heterogeneous vehicle routing [J]. European Journal of Operational Research, 2016(1):1~21.

[98] Yaman H. Formulations and valid inequalities for the heterogeneous vehicle routing problem [J]. Mathematical Programming, 2006(2):365~390.

[99] Baldacci R, Mingozzi A. A unified exact method for solving different classes of vehicle routing problems [J]. Mathematical Programming, 2009(2):347~380.

[100] Pessoa A, Uchoa E, de Aragpo M P. A robust branch-cut-and-price algorithm for the heterogeneous fleet vehicle routing problem [J]. Networks, 2009(4):167~177.

[101] Choi E, Tcha D W. A column generation approach to the heterogeneous fleet vehicle routing problem [J]. Computer & Operations Research, 2007(7):2080~2095.

[102] Baldacci R, Toth P, Vigo D. Exact algorithms for routing problems under vehicle capacity constraints[J]. Annals of Operations Research, 2010(1):213~245.

[103] Salhi S, Rand T K. Incorporating vehicle routing into vehicle fleet composition problem [J]. European Journal of Operational Research, 1993(3):313~330.

[104] Renaud J, Boctor F. A sweep-based algorithm for the fleet size and mix vehicle routing problem[J]. European Journal of Operational Research, 2002(3):618~628.

[105] Han A F W, Cho Y J. A GIDS metaheuristic approach to the fleet size and mix vehicle routing problem[M]// Ribeiro C C, Hansen P. Essays and surveys in metaheuristics. Boston: Kluwer Academic

参 考 文 献

Publishers,2002.

[106] Osman I H, Salhi S. Local search strategies for the vehicle fleet mix problem [M]. Raywardsmith V J, Osman C, Reeves C R, et al. Modern Heuristic Search Methods. Wiley: Chichester, 1996.

[107] Rochat Y, Taillard E. Probabilistic diversification and intensification in local search for vehicle routing[J]. Journal of Heurisitics ,1995(1):147~167.

[108] Gendreau M, Laporte G, Musaraganyi C, et al. A tabu search heuristic for the heterogeneous fleet vehicle routing problem [J]. Computers & Operations Research, 1999(12): 1153~1173.

[109] Wassan N, Osman I H. Tabu search variants for the mix fleet vehicle routing problem [J]. Journal of the Operational Research Society, 2002(7):768~782.

[110] Lee Y H, Kim J I, Kang K H, et al. A heuristic for vehicle fleet mix problem using tabu search and set partitioning [J]. Journal of the Operational Research Society, 2008(6):833~841.

[111] Brandão J. A deterministic tabu search algorithm for the fleet size and mix vehicle routing problem [J]. European Journal of Operational Research, 2009(3):716~728.

[112] Ochi L S, Vianna D S, Drummond L M A, et al. An evolutionary hybrid metaheuristic for solving the vehicle routing problem with heterogeneous fleet [J]. Lecture Notes in Computer Science, 1998(1391):187~195.

[113] Lima C M R R, Goldbarg M C, Goldbarg E F G. A memetic algorithm for the heterogeneous fleet vehicle Routing problem [J]. Electron Notes in Discrete Mathematics, 2004(18):171~176.

[114] Liu S, Huang W, Ma H. An effective genetic algorithm for the fleet size and mix vehicle routing problems [J]. Transportation Research Part E: Logistics and Transportation Review, 2009(3):434~445.

[115] Prins C. Two memetic algorithms for heterogeneous fleet vehicle routing problems [J]. Engineering Applications of Artificial Intelligence, 2009(6):916~928.

[116] Duhamel C, Lacomme P, Prodhon C. A hybird evolutionary local search with depth first search split procedure for the heterogeneous vehicle routing problems [J]. Engineering Applications of Artificial Intelligence. 2012(2):345~358.

[117] Tarantilis C D, Kiranoudis C T, Vassiliadis V S. A list based threshold accepting metaheuristic for the heterogeneous fixed fleet vehicle routing problem [J]. Journal of the Operational Research Society, 2003(1):65~71.

[118] Tarantilis C D, Kiranoudis C T, Vassiliadis V S. A threshold accepting metaheuristic for the heterogeneous fixed fleet vechicle routing problem [J]. Journal of Operational Research, 2004(1):148~158.

[119] Li X, Tian P, Aneja Y P. An adaptive memory programming metaheuristic for the heterogeneous fixed fleet vehicle routing problem [J]. Transportation Research Part E: Logistics and Transportation Review, 2010(6):1111~1127.

[120] Liu S. A hybrid population heuristic for the heterogeneous vehicle routing problems [J]. Transportation Research Part E: Logistics and Transportation Review, 2013(6):67~78.

[121] Matei O, Pop P C, Sas J L et al. An improved immigration memetic algorithm for solving the heterogeneous fixed fleet vehicle routing problem [J]. Neurocomputing, 2015(150):58~66.

[122] Liu F, Shen S. The fleet size and mix vehicle routing problem with time windows [J]. Journal of the Operational Research Society, 1999(7):721~732.

[123] Brāysy O, Dullaert W, Hasle G, et al. An effective multirestart

deterministic annealing metaheuristic for the fleet size and mix vehicle-routing problem with time windows [J]. Transportation Science, 2008(3):371~386.

[124] Paraskevopoulos D C, Repoussis P P, Tarantilis C D, et al. A reactive variable neighborhood tabu search for the heterogeneous fleet vehicle routing problem with time windows [J]. Journal of Heurisitcs, 2008(5):425~455.

[125] Koç Ç, Bektaş T, Jabali O, et al. A hybrid evolutionary algorithm for heterogeneous fleet vehicle routing problems [J]. Computers & Operations Research, 2015(1):11~27.

[126] Dullaert W, Janssens G K, Sörensen K, et al. New heuristics for the fleet size and mix vehicle routing problem with time windows [J]. Journal of the Operational Research Society, 2002(11):1232~1238.

[127] Dell'Amico M, Monaci M, Pagani C, et al. Heuristic approaches for the fleet size and mix vehicle routing problem with time windows [J]. Transportation Research, 2007(4):516~526.

[128] Bräysy O, Porkaa P P, Dullaert W, et al. A well scalable metaheuristic for the fleet size and mix vehicle routing problem with time windows [J]. Expert System Application, 2009(4):8460~8475.

[129] Li X Y, Leung S C H, Tian P. A multi-start adaptive memory-based tabu search algorithm for the heterogeneous fixed fleet open vehicle routing problem [J]. Expert Systems with Applications, 2012(1):365~374.

[130] Yousefikhoshbakht M, Didehvar F, Radmati F. Solving the heterogeneous fixed fleet open vehicle routing problem by a combined metaheuristic algorithm [J]. International Journal of Production Research, 2014(9):2565~2575.

[131] Qu Y, Bard J F. The heterogeneous pickup and delivery problem with configurable vehicle capacity [J]. Transportation Research Part C: Emerging Technologies, 2013(1):1~20.

[132] Qu Y, Bard J F. A branch-and-price-and-cut algorithm for heterogeneous pickup and delivery problems with configurable vehicle capacity [J]. Transportation Science, 2014(2):254~270.

[133] 郭耀煌,范莉莉,童淑惠.多车型货运车辆优化调度[J].系统工程学报,1992(1):111~117.

[134] 钟石泉,贺国光.多车场有时间窗的多车型车辆调度及其禁忌算法研究[J].运筹学学报,2005(4):67~73.

[135] 叶志坚,叶怀珍,周道平.多车型车辆路径问题的算法[J].公路交通科技.2005(5):147~151.

[136] 李进,傅培华.具有固定车辆数的多车型低碳路径问题及算法[J].计算机集成制造系统,2013(6):1351~1363.

[137] 陶胤强,牛惠民.带时间窗的多车型多费用车辆路径问题的模型和算法[J].交通运输系统工程与信息,2008(1):113~117.

[138] 王晓博,李一军.多车场多车型装卸混合车辆路径问题研究[J].控制与决策,2009(12):1769~1774.

[139] 王晓博,李一军.多车型单配送中心混合装卸车辆路径问题研究[J].系统工程学报,2010(5):629~636.

[140] 张景玲,赵燕伟,王海燕,等.多车型动态需求车辆路径问题建模及优化[J].计算机集成制造系统.2010(3):543~550.

[141] 马建华,房勇,袁杰.多车场多车型最快完成车辆路径问题的变异蚁群算法[J].系统工程理论与实践,2011(8):1508~1516.

[142] 葛显龙,许茂增,王伟鑫.多车型车辆路径问题的量子遗传算法研究[J].中国管理科学,2013(1):125~133.

[143] 罗平.多车型车辆路径问题研究与应用[D].西南交通大学硕士学位论文,2014.

[144] 田宇,伍炜勤,吴其震.基于标签算法的异车型混合集送多属性车

辆路径问题研究[J].管理工程学报,2015(3):191～198.

[145] 党兰学,陈小潘,孔云峰.校车路径问题模型及算法研究进展[J]. 河南大学学报(自然科学版),2013(6):682～692.

[146] Russell R A, Morrel R B. Routing special-education school buses [J]. Interfaces, 1986(5): 56～64.

[147] Braca J, Bramel J, Posner B, et al. A Computerized Approach to the New York City School Bus Routing Problem [J]. AIIE Transactions, 1997(8): 693～702.

[148] Ripplinger D. Rural school vehicle routing problem [J]. Transportation Research Record, 2005(1992): 105～110.

[149] Bögl M, Doerner K F, Parragh S N. The School Bus Routing and Scheduling Problem with Transfers [J]. Networks, 2015(2):180～203.

[150] Savas E S. On equity in providing public services [J]. Management Science. 1978(8):800～808.

[151] Bowerman R, Hall B, Calamai P. A multi-objective optimization approach to urban school bus routing: formulation and solution method [J]. Transportation Research Part A, 1995(2): 107～123.

[152] Bodin L D, Berman L. Routing and scheduling of school buses by computer [J]. Transportation Science, 1979(2):113～129.

[153] Swersey J A, Ballard W. Scheduling School Buses [J]. Management Science, 1984(7):844～854.

[154] 党兰学,王震,刘青松,等.一种求解混载校车路径的启发式算法 [J].计算机科学,2013(7):248～253.

[155] 张富,朱泰英.校车站点及线路的优化设计[J].数学的实践与认识,2012(4):141～146.

[156] Pacheco J A, Caballero R, Laguna M, et al. Bi-Objective Bus Routing: An Application to School Buses in Rural Areas [J].

Transportation Science,2013(3):397~411.

[157] Desrosiers J, Ferland J, Rousseau J M, et al. An overview of a school busing system [M]. Amsterdam: Scientific Management of Transport Systems, 1981.

[158] Schittekat P, Sevaux M, Sorensen K. A mathematical formulation for a school bus routing problem [C]. International Conference on Service Systems and Service Management, New York, 2006.

[159] Bektaş T, Elmastaş S. Solving school bus routing problems through integer programming [J]. Journal of the Operational Research Society, 2007(12): 1599~1604.

[160] Martinez L M, Viegas Josém. Design and Deployment of an Innovative School Bus Serviece in Lisbon [J]. Procedia Social and Behavioral Sciences, 2011(20):120~130.

[161] Riera-Ledesma J, Salazar-González J J. Solving school bus routing using the multiple vehicle traveling purchaser problems: A branch-and-cut approach [J]. Computers & Operations Research, 2012(2): 391~404.

[162] Riera-Ledesma J, Salazar-González J J. A column generation approach for a school bus routing problem with resource constraints [J]. Computers & Operations Research, 2013(2): 566~583.

[163] Kinable J, Spieksma F C R, Berghe G V. School bus routing-a column generation approach [J]. International Transportation in Operation Research, 2014(3):453~478.

[164] Schittekat P, Kinable J, Sörensen K, et al. A metaheuristic for the school bus routing problem with bus stop selection [J]. European Journal of Operational Research, 2013(2):518~528.

[165] 许文龙,李小娟,宫辉力,等.校车最优路径规划算法[J].地理空间信息,2011(4):67~71.

[166] Gavish B, Shlifer E. An approach for solving a class of transportation

scheduling problems [J]. European Journal of Operational Research, 1979(2): 122~134.

[167] Bennett B T, Gazis D C. School bus routing by computer [J]. Transportation Research, 1972(4): 317~325.

[168] Dulac G, Ferland J A, Forgues P A. School bus routes generator in urban surroundings [J]. Computers and Operations Research, 1980(3):199~213.

[169] Chapleau L, Ferland J A, Rousseau J M. Clustering for routing in densely populated areas [J]. European Journal of Operational Research, 1985(1): 48~57.

[170] Spasovic L, Chien S, Feeley c. A Methodology for Evaluating of School Bus Routing-A Case Study of Riverdale, New Jersey [C]. 80th Annual Meeting of Transportation Research Board, Transportation Research Board, Washington, 2001.

[171] Corberán A, Fernández E, Laguna M, et al. Heuristic solutions to the problem of routing school buses with multiple objectives [J]. Journal of Operational Research Society, 2002(4): 427~435.

[172] 张苗. 基于双层规划的多目标校车路径优化研究[D]. 西南交通大学硕士学位论文, 2008.

[173] Pacheco J A, Martí R. Tabu search for a multi-objective routing problem [J]. Journal of the Operational Research Society, 2006(1): 29~37.

[174] Nayati M A K. School Bus Routing and Scheduling Using GIS [D]. University of Gävle Thesis (degree of Magister), 2008.

[175] Rashidi T H, Zokaei-Aashtiani H, Mohammadian A. School Bus Routing Problem in Large-Scale Networks [J]. Journal of the Transportation Research Board, 2009(2137): 140~147.

[176] Euchi J, Mraihi R. The urban bus routing problem in the Tunisian case by the hybrid artificial ant colony algorithm [J]. Swarm and

Evolutionary Computation,2012(2):15~24.

[177] Arias-Rojas J S, Jiménez J F, Montoya-torres J R. Solving of school bus routing problem by ant colony optimization [J]. Revista EIA, 2012(17):193~208.

[178] 孔云峰,牛宁,陈小潘,等.一种求解双目标校车路径问题的蚁群优化算法[J].河南大学学报(自然科学版),2016(1):50~59.

[179] 侯彦娥,孔云峰,党兰学,等.多目标校车路径问题的变邻域搜索算法[J].小型微型计算机系统,2016(1):134~139.

[180] Zhang J, Li Y. School Bus Problem and its Algorithm [J]. IERI Procedia,2012(2):8~11.

[181] Geem Z W, Kim J H, Loganathan G V. A New Heuristic Optimization Algorithm: Harmony Search [J]. SIMULATION, 2001(2):60~68.

[182] Fügenschuh A. Solving a school bus scheduling problem with integer programming [J]. European Journal of Operational Research, 2009 (3):867~884.

[183] Fügenschuh A. A set partitioning reformulation of a school bus scheduling problem [J]. Journal of Scheduling, 2011(4):307~318.

[184] Angel R D, Caudle W L, Noonan R, et al. Computer-assisted school bus scheduling [J]. Management Science,1972(6):279~288.

[185] Newton R M, Thomas W H. Bus routing in a multi-school system [J]. Computers and Operations Research, 1974(2): 213~222.

[186] Desrosiers J, Ferland J, Rousseau J M, et al. TRANSCOL: a multi-period school bus routing and scheduling system [J]. TIMS Studies in the Management Sciences,1986(22):47~71.

[187] Verderber W J. Automated pupil transportation [J]. Computers and Operations Research,1974(2):235~245.

[188] Fügenschuh A, Martin A, Stöveken P. Integrated Optimization of

School Starting Times and Public Bus Services [C]. Operations Research Proceedings 2004, Berlin Heidelberg, 2005.

[189] Fügenschuh A, Martin A. A multi-criteria approach for optimizing bus schedules and school starting times [J]. Annal of Operation Research, 2006(1):199~216.

[190] 丁常勇.合作式校车路径优化问题研究[D].大连海事大学硕士学位论文,2012.

[191] 陈小潘,党兰学,孔云峰.一种求解大规模校车调度问题的启发式算法[J]地球信息科学学报,2013(6):879~885.

[192] 陈小潘,孔云峰,牛宁,等.一种基于学校上学时间调整的校车调度算法[J].小型微型计算机统,2015(9):2159~2165.

[193] Chen D S, Kallsen H A, Chen H C, et al. A bus routing system for rural school districts [J]. Computers and Industrial Engineering, 1990(1):322~325.

[194] Campbell J F, North J W, Ellegood W A. Modeling mixed load school bus routing [C]. Proceedings of 8th workshop on Logistics and supply chain management, Berkeley, California, 2013.

[195] 党兰学,侯彦娥,孔云峰.时空相关的混载校车路径问题邻域搜索.计算机科学,2015(4):221~226.

[196] 汤雅连,蔡延光,杨军,等.高校校车联营的协同车辆路径问题[J].计算机应用研究,2015(3):683~688.

[197] Ellegood W A, Campbell J F, North J, Continuons approximation models for mixed load school bus routing [J]. Transportation Research Part B:Methodological,2015(77):182~198.

[198] Hargroves B T, Demetsky M J. A computer assisted school bus routing strategy: a case study [J]. Socio-Economic Planning Sciences, 1981(6):341~345.

[199] Thangiah S R, Nygard K E. School bus routing using genetic algorithms[C]. Proceedings of the SPIE Conference on Applications

of Artificial Intelligence X: Knowledge-Based Systems, Orlando, Florida,1992.

[200] Chen X, Kong Y, Dang L, et al. Exact and Metaheuristic Approaches for a Bi-objective School Bus Scheduling Problem [J]. PLOS ONE,2015(7): e0132600.

[201] Thangiah S R, Fergany A, Wilson B, et al. School bus routing in rural school districts [J]. Lecture Notes in Economics & Mathematical Systems, 2008(600):209~232.

[202] De Souza L V, Siqueira P H. Heuristic Methods Applied to the Optimization School Bus Transportation Routes: A Real Case [C]. 23rd International Conference on Industrial Engineering and other Applications of Applied Intelligent Systems, Cordoba, Spain,2010.

[203] Díaz-Parra O, Ruiz-Vanoye J C, Zavala-Díaz J. School Bus Routing Problem Library-SBRPLIB [J]. International Journal of Combinatorial Optimization Problems and Informatics, 2011(1):23~26.

[204] Jacobson I, Booch G, Rumbaugh J E. The unified software development process-the complete guide to the unified process from the original designers [M]. Boston: Addison-Wesley Longman Publishing Co., Inc, 1999.

[205] 侯彦娥,党兰学,孔云峰,等.校车路径问题元启发算法框架设计及应用[J].小型微型计算机系统,2014(7):1625~1631.

[206] Vogel U. A flexible metaheuristic framework for solving rich vehicle routing problems [D]. University of Cologne, 2011.

[207] Bramel J, Simchi-Levi D. A location based heuristic for general routing problems [J]. Operations Research, 1995(4):649~660.

[208] Nanry W P, Barnes J W. Solving the pickup and delivery problem with time windows using reactive tabu search [J]. Transportation Research Part B: Methodological, 2000(2):107~121.

[209] Schrimpf G, Scheider J, Stamm-Wilbrandt H, et al. Record breaking

optimization results using the ruin and recreate principle[J]. Journal of Computational Physics,2000(2):139~171.

[210] 侯彦娥,孔云峰,党兰学.求解车辆路径问题的改进扰动机制的ILS算法[J].计算机科学,2016(1):264~269.

[211] Potvin J Y, Rousseau J M. A parallel route building algorithm for the vehicle routing and scheduling problem with time windows[J]. European Journal of Operational Research,1993(3):331~340.

[212] Bent R, Hentenryck P V. A two-stage hybrid algorithm for pickup and delivery vehicle routing problems with time windows[J]. Computers & Operations Research,2006(4):875~893.

[213] Gendreau M, Potvin J Y. Handbook of Metaheuristics 2nd Edition[M]. New York: Springer-Verlag New York Inc., 2010.

[214] Talbi E G. Metaheuristics: from design to implementation[M]. New York: John Wiley & SonsInc, 2009.

[215] Martí R, Resende M G C, Ribeiro C C. Multi-start methods for combinatorial optimization[J]. European Journal of Operational Research,2013(1):1~8.

[216] Prais M, Ribeiro C C. Reactive GRASP: An Application to a Matrix Decomposition Problem in TDMA Traffic Assignment[J]. INFORMS Journal on Computing,2000(3):164~176.

[217] 党兰学,侯彦娥,孔云峰.校车路径问题的约束检测算法[J].计算机应用研究,2014(5):1396~1398+1402.

后　　记

　　本书是在我的博士学位论文的基础上进行修改完成的。我的博士学位论文的顺利完成与我的导师孔云峰教授的悉心指导和培养是分不开的。从论文的选题、研究方案的设计、研究过程，到最后论文的撰写，导师都付出了大量的心血。导师渊博的知识、敏锐的洞察力、严谨的治学态度都深深地感染我，使我受益匪浅！在我博士学位论文成稿的过程中，还得到了河南大学环境规划学院和计算机信息工程学院的领导和老师们的无私帮助，在此一并向他们表示衷心的感谢！

　　博士期间的生活是痛苦的，是遇到难题时的焦急和不安；博士期间的生活又是喜悦的，是解决了一个又一个难题时的幸福和快乐！在这期间，我结识了不少朋友——这里面有我一起攻读博士的同学们、有空间优化实验室的同门师兄弟姐妹。我们一起加油、一起相互鼓励，这些都成为了我人生的珍贵记忆！在这期间，家人给予了我大力的支持，他们不求回报地帮助我，使我可以没有后顾之忧，全身心投入到研究当中！感谢他们为我付出的一切！

　　本书中案例的数据源自无锡市锦江中小学学生接送服务中心，本研究还得到到了国家自然科学基金（41801030；41401461）的大力资助，在此表示感谢！

　　由于本人才疏学浅，加上时间紧迫，本书难免会存在一些疏漏和不足之处，还敬请各位专家和读者批评指正。

侯彦娥

2018 年 6 月